문화를
짓다

MAKING SPACE

박성진 외 지음
한국공예·디자인문화진흥원 엮음

젊은 예술가들의
행복한 공간 만들기
프로젝트

문화를
짓다

문학동네

일러두기

* 이 책은 문화체육관광부가 주최하고 한국공예·디자인문화진흥원이 주관한 〈2014 문화로 행복한 공간 만들기〉 사업을 바탕으로 집필했습니다.
* 취재원의 요청에 따라 이 책에 나오는 소년원생의 이름 중 일부는 가명으로 표기했으며, 사진은 모자이크 처리했습니다.

차례

잉여와 결핍 사이

나는 건축과 공간을 글로 쓰는 일을 하며 살아왔다. 다달이 찾아오는 마감은 익숙해져도 여전히 삼키기 힘든 쓴맛이지만 생각하고 글을 쓰며 매번 새로운 지적 모험을 떠난다는 뿌듯함은 그 쓴맛을 적당히 잊게 만드는 세속의 단맛이다. 그럼에도 때때로 깊숙한 곳에서 엄습해오는 상실감을 나는 감지했다. 그 허허로움은 '잉여'의 고독과 허무가 내게 드리운 그림자 속에 있었다. 내가 좇고 있는 문화의 가치란 인간의 생존과 안위가 걸린 절절한 문제가 아니라 부차적이고 파생적인 잉여에 지나지 않는다는 생각을 떨쳐내기 힘들었던 것이다. 의학과 과학, 기술처럼 인류의 생존과 진보에 직결되는 근본적인 필요성보다는, 그저 무엇이 더 아름답고 윤택한가 하는 2차적인 의미에 나와 내 일이 갇혀 있는 느낌이었다. 내가 일로 접하는 건축과 예술의 상당수 는 자본과 부의 부산물임을 부정할 수 없다. 나는 그들을 뒤쫓아 기록하고 예찬하면서, 때론 맹렬히 비판하면서, 한쪽으로는 가 만히 쌓여가는 잉여의 허무를 숙명적으로 껴안아왔다.

좀 과격하게 말한다면 문화란 배부른 사람의 것이다. 문화 는 결핍에서 생산될지언정 결국 잉여로 남아, 잉여로서 소비된 다. 당장 방 안의 온기 한 줌 푸짐하게 살 돈이 없는데 어찌 아름 다운 음률이 귀에 들리고, 그림의 색채가 눈에 들어올 수 있겠는 가. 꼭 돈의 문제가 아니더라도 결핍된 이들의 몸과 마음엔 문화 가 눈치껏 비집고 들어갈 자리가 없다.

하지만 이 책에서 다루는 문화와 공간은 다르다. 2014년 한 국공예·디자인문화진흥원에서 시행한 '문화로 행복한 공간 만 들기' 사업으로 재탄생한 열두 곳을 취재하면서 나는 잉여의 부 산물이 아니라 소외계층의 불완전한 반쪽짜리 삶을 마저 채워주 는 문화의 절실함을 목격했다. 소년원, 복지시설, 군부대라는 고 립된 생활환경에서 문화로부터 소외될 수밖에 없었던 그들. 서 로에게 의지하며 부족함과 불편함을 이겨나가는 복지시설의 장 애인들, 부모와 떨어져 냉혹한 사회의 아픔을 일찍이 겪고 있는 소년원의 청소년들, 통제된 공간과 상명하복 체제 속에서 생활하는 군인들. 잉여적 존재인 이들의 생활에서 문화라는 선택지는 아예 존재하지도 않는 상황이었다. 여기에 진흥원의 참여로 새롭게 조성된 공연장, 도서관, 놀이터, 정원, 카페, 강당 등은 그들이 잃어버린 나머지 반쪽짜리 삶을 되찾게 하는 치유와 회복의 공간이었다.

'문화'와 '공간'은 독자적인 것이 아니라 함께 섞이고, 불완전하더라도 서로가 서로를 규정해가도록 만들어야 한다. 이것이 이번 사업의 철학이기도 하다. 공간은 공간대로, 문화는 문화대로 만들어지던 관행적 생산방식에선 알맹이 없는 빈 쭉정이들만 양산될 뿐이다. 이번 사업에 함께 참여한 공간기획자와 문화기획자는 상대의 영역을 은밀히 침범하면서 서로에게 새로운 외적 자극을 주었다. 공간기획자로 참여한 건축가들은 다큐멘터리 감독, 음악가, 미술가, 디자이너, 목수, 시인, 서점 주인 등을 문화기획자로 맞이하면서 '행복의 건축'이 무엇인지 고민하게 되었다.

우리 주변에 널리고 널린 문화시설들과 이 열세 곳의 작은 문화공간이 다를 수밖에 없는 이유다. 이곳의 문화는 엘리트주의에서 파생된 세련된 고급문화도 아니고, 이곳의 공간은 수십, 수백억짜리 집들도 아니다. 그러나 이곳에 싹트고 자리잡은 문화는 돈으로 환원할 수 없는, 그보다 더 절실한 근본적 필요성과 사회적 당위성을 갖는, 이 사회가 필요로 하는 진정한 문화였다.

나는 줄곧 건축을 공부했고, 지금도 수십여 개에 이르는 휘황찬란한 건축 작품들을 매달 직접 접하고 있다. 하지만 역설적으로 '공간'이라는 이데올로기를 맹목적으로 신뢰하지 않는다. 근대 모더니스트처럼 건축으로 사회와 세계를 바꾸려는 신념도 없고, 공간이 사람들의 삶을 바꿀 수 있다는 말에도 온전히 수긍하지 않는다. '문화로 행복한 공간 만들기'도 일면 이 같은 전문가 집단의 계몽의식에서 출발했을 것이다. 그러나 이 책을 끝까지 읽고 나면 이들의 실천은 문화적 우월주의에서 내려와 밑바닥부터 사용자들과 함께 호흡하며 이뤄낸 결과임을 독자 여러분도 느끼게 되리라 감히 자부한다. 그리하여 새로 만들어진 공간에는 소외되었던 이들의 웃음과 눈물, 희망과 즐거움이라는 감정들이 질펀하게 교차한다.

이 사업이 결실을 맺기까지는 한국공예·디자인문화진흥원의 결단과 실행력이 큰 역할을 했다. 특히 사업 기획부터 진행까지 머리를 맞대고 1년이 넘는 시간 동안 변함없는 열정으로 이 일을 진행해온 디자인문화진흥팀의 노고를 언급하고 싶다. 마음에서 우러난 일이 아니었다면 가시적 성과주의로부터 벗어나기 힘든 상황 속에서 결과보다 그 과정에 더 큰 가치를 둔 사업을 어디 쉽게 시도할 수 있었겠는가. 그리고 작가주의에서 벗어나 사회적 실천으로 동참한 공간기획자들과 문화기획자들이 아니었다면, 이 사업은 예술가들의 진부한 지적 마스터베이션으로 끝났을 것이다. 눈에 보이지 않는 이 사업의 성과가 확산될 수 있도록 나를 도와 이 책을 집필한 네 명의 『공간』 기자들도 고맙다. 이제 2014년 공간 만들기 프로젝트는 끝났지만 어쩌면 엄밀한 의미에서 이 사업의 진정성은 지금부터가 시작이다. 소외계층의 척박한 생활여건에 이식된 문화의 씨앗들이 무사히 발아되고 줄기를 올려 꽃을 피워내는 것은 이제 그 공간 속에서 부대끼며 살아가는 이들과 함께하는 이웃의 몫이다. 부디, 문화로 행복한 내일을 부탁한다.

2015년 10월
박성진

1부 소년의 뜰

먹고 노래하고
사랑하라

박성진

경기도 의왕시 고천동 430번지, 소슬한 겨울 풍경 사이로 '○○고등학교'라는 팻말이 눈에 들어온다. 그런데 한껏 열린 학교 정문이 무안하게도 사방이 지나치게 적요하다. 너무 이른 시각이어서인가? 오전 8시 30분, 바로 옆 담장을 마주하는 다른 외국어고등학교 학생들은 발걸음이 빨라지고, 차 한 대 퍼지면 속수무책일 골목길은 등굣길에 동원된 학부모의 차량들로 꾸역꾸역 메워지기 시작한다. 그리고 보니 이 고등학교 앞에는 학생들의 낙서로 도배된 허름한 분식집 하나 없다. 성장기 청소년들의 감당 못할 식욕을 잠재워줄 그 흔한 떡볶이집이나 편의점, 문방구도 보이지 않고, 뛰고 밀치고 속어와 은어를 질퍽하게 던져가며 소란스레 등굣길에 오를 친구들의 그림자도 보이지 않는다. 모두 어디에 있는 걸까? 교문을 지나 조금 오르니 큰 운동장이 보이고, 그제야 여느 학교처럼 체육복을 입은 남학생들이 멀리서 공을 차고 있다. 그러나 거대한 철책이 그들과 나 사이를 가르고 있다. 지각 후의 월담이나 보충수업을 빼먹는 땡땡이를 막겠다는 선생들의 의지라고 보기엔 위압적인 높이의 담장이다. 학생들의 치기 어린 장난이나 섣부른 모험이 먹힐 만한 허술한 구석이라곤 전혀 찾아볼 수가 없다. 이 고등학교를 우리는 다른 말로 서울소년원이라 부른다.

이곳에 소년원이 있나요?

소년원의 다른 이름은 '○○고등학교'라는 것도 이곳에 도착해서 알았다. 소년보호감찰시설인 소년원을 미성년자들의 수감시설쯤으로 단순 무식하게 이해해오던 터라 서울소년원의 정식 명칭과 성격도 정확히 모르고 있었다. 내비게이션을 아무리 뒤져봐도 어느 한 곳 서울소년원이라는 이름이 등장하지 않은 이유를 도착해서야 알았다. 그런 것도 모르고 애먼 내비게이션

문화를
짓다

만 때리고 달래며 길을 헤맸으니…… 어쩌면 이것이 이 공간에 존재하는 제도와 우리 인식 사이의 간극일지 모른다. 그래서였을까? 인근 주민들도 50킬로미터를 달려온 나만큼이나 서울소년원의 존재를 잘 모르는 눈치였다. 아니면 모르는 척했든가 존재를 부정해왔든가. 이른 아침 어둠을 뚫고 출발해 길을 헤매다 주변 편의점에서 허기를 대강 면한 뒤 편의점 주인과 행인에게 소년원의 위치를 물었으나 "이곳에 소년원이 있나요?"라며 당황스러운 표정으로 반문할 뿐이었다. 길을 한 블록 잘못 들어 경기외고 정문으로 차를 몰다가 한 여학생과 그 어머님에게(처음에 나는 그들을 소년원에 면회 온 가족으로 착각했다) 서울소년원의 위치를 물으니 대꾸 없이 고개만 한번 젓고는 드러난 치부를 가리듯 서둘러 사라졌다. 실제로 서울소년원은 지도 상에 그냥 맨땅으로 표시되어 있을 뿐이다. 300여 명이 살아가는 공간의 흔적이 서럽게도 모두 숨겨져 드러나지 않는다. 서울소년원은 이렇듯 교정시설이라는 이미지를 털어버리고 지역 사회와 공존, 아니 어떻게든 그 자리에서 버티기 위해 존재를 감추고 위장하며, 우리의 인식과 지도 상에 공백을 만들어왔던 것이다. 그 공백의 틈바구니에 소년들이 갇혀 있다. 저마다 하나씩 죄목을 목에 걸고 8만 2000여 제곱미터의 봄이 오지 않은 들판에 갇혀 있었다.

　일제강점기 때 사대문 밖 한참 변두리였던 지금의 불광동에 지어졌던 서울소년원은 도시가 점점 확장됨에 따라 1986년 서울의 끝자락이었던 이곳으로 옮겨왔다. 그러나 거대 자본의 끝없는 도시화를 향한 욕망이 또 한 번 잔인하게 그들을 집어삼켰다. 외국어고등학교와 상식 밖의 동거도 이런 과정에서 일어난 극단의 풍경이다. 외국어고등학교로 향하는 학생 중 상당수는 외제차의 호위를 받으며 등교했다. 한국 사회의 지식인과 상류층을 대변하는 특수목적 고등학교의 풍경이다. 반면 서울소년원에선 불우한 가정환경에서 자란 아이들이 부지기수다. 남루한 담장 하나를 사이에 두고 한쪽에는 주류와 제도권의 상징이, 다른 한쪽에는 그곳에서 소외되고 밀려나 나락으로 떨어진 계층이 잔인하게 대비된다. 서울소년원 교정에서 올려다보이는 바로 옆 고등학교의 11층짜리 건물은 아무리 발버둥 쳐도 도달할 수 없는 그 높이에 대한 절망 속으로 학생들을 몰아넣는 것 같다. 저 높은 곳에서 서울소년원을 향해 내리깔리는 그 시선이 학생들의 가슴에 생채기를 내지는 않을지 문득 걱정스러웠다.

1,559원짜리 한 끼 식사

서울소년원은 법원으로부터 보호관찰 1년에서 2년을 판결 받은 300여 명의 소년이 생활하는 시설이다. 우윳빛 피부를 벗지 못한 열네 살 어린 동생들부터 문신으로 맨살이 보이지 않는 스무 살 형님들까지 법의 테두리에서 벗어나 과오를 범한 자는 이곳에 갇힌다. 잘못을 반성하고 새사람으로 거듭나라는 의미다. 하지만 한 공간에 갇혀 있어야 하는 공간적 구속과 신체적 억압은 인간의 본성에 정면으로 위배되는 참기 힘든 상황이다.

감시와 처벌이라는 측면에서 소년원의 공간은 학생들의 집단적 움직임을 통제하는 데 이바지한다. 한쪽에 복도를 둔 ㄷ자형 혹은 ㅁ자형 배치를 통해 공간의 효율성을 극대화하고, 소수의 관리자가 다수의 사용자를 손쉽게 통제·관리할 수 있도록 소수의 편에서 설계된 공간이다. 같은 일상을 같은 상자 안에서 매일 반복한다면 아무리 많은 시간이 주어진들 존재의 기억과 의미는 뿌리가 거칠게 파헤쳐진 식물처럼 더이상 자라나지 못한다. 이미 북유럽과 캐나다 같은 선진국에서는 교도소의 공간적 환경 개선이 재범률을 낮춘다는 연구 결과가 발표됐고, 수감시설의 공간 환경이 형벌이 아닌 교화를 목적으로 개선되고 있다. 한영선 서울소년원 원장은 "몸이 괴롭고 힘들고 아플 때는 소년들이 주변을 돌아보며 반성하고 미래를 내다볼 겨를이 없다"며 어떤 공간을 만들어 어떻게 반성의 시간을 줄 것인가 중요하다고 역설한다.

서울소년원의 식당극장 프로젝트는 이 같은 공간적 폭력과 구속에 대한 상쇄이며, 쪽방에 내리쬐는 한 줌의 볕과 같은 일말의 해방구이기도 하다. 그런데 프로젝트 얘기를 듣고 내 머릿속에 불쑥 떠오른 질문 하나. '그들이 앞치마를 두르고 밥을 짓고

요리할 것도 아닌데 왜 하필 식당일까? 식당이 문화공간인가?'
소년원측에선 애초 복도 공간에 대한 환경 개선을 원했다고 한
다. 복도라는 긴 공간이 주는 갤러리의 회랑 같은 느낌, 한쪽 벽
면에는 총천연색 벽화를 밝게 그리고 예쁜 그림들을 걸면 우리
가 곧잘 봐오던 '공공미술'과 '문화'의 모양새가 얼추 갖춰질 텐
데? 이 프로젝트의 문화기획자 배윤호 교수는 이런 수동적 관람
의 형태, 마치 주문하면 바로 배달되듯 찍어내는 관행적인 문화
의 생산을 탈피하고 싶었다. 그는 "소년원 학생들 삶의 구체적
가치와 접할 수 있는 공간에 개입하고 싶었다. 그래서 찾다보니
식당이라는 공간에 이르게 됐다"고 말한다.

　이 기획팀은 소년원에서 식당이, 아니 먹는다는 행위가 어
떤 층위에 있는지 주목한다. 소년원에선 인간의 웬만한 욕망이
모두 억제된다. 그 가운데 유일하게 제한적 범위 안에서 해갈되
는 욕구가 식욕이다. 식당은 소년원이라는 금욕의 공간에서 유
일하게 욕망의 표출과 해갈이 인정되는 장소다. 그러나 학생들
에겐 이마저 온전히 주어지지 않는다. 삼시세끼를 위해 그들이
하루에 기다리는 시간은 세 시간, 그리고 끼니당 식사 시간은 고
작 몇여 분. 학생 전체가 하루에 다섯 시간 동안 사용하는 식당
에서도 학생들의 행동규칙과 동선은 통제된다. 욕망이 허용된
유일한 공간인 만큼 더욱 철저하게 통제된다.

　그리고 이 말이 진정 사실인지 아직도 믿기지 않지만, 학생

문화를
짓다

한 명당 한 끼 식사 준비 비용이 1,559원이라는 사실이 나나 기획자들 모두에게 커다란 충격이었다. 이 사업 예산으로 그들에게 제대로 된 밥을 지어주는 게 어떨까 하는 허무주의에 아주 잠깐 빠져들었다.

고무장갑을 낀 건축가

서울소년원의 식당극장 프로젝트는 여느 사업과 달리 공간의 조형적 가치보다 공간 속에서의 문화 향유에 역점을 두었다. 처음 식당의 변경 전후 평면도를 받아보았을 때 도대체 뭐가 달라졌는지 파악하기가 어려웠다. 습관적으로 TV 프로그램에서 자주 봐온 '비포 앤 애프터'식의 드라마틱한 공간적 반전을 기대해서였는지, 밀려오는 실망감을 감출 수 없었다. 하지만 문화기획자와 건축가가 짜놓은 프로그램 순환도를 보았을 때, 이곳에서 건축은 하나의 보조 수단에 불과할 뿐 그 자체가 목적이 아니라는 사실을 뒤늦게 깨달았다.

도대체 어디서부터 무엇을 봐야 할지 모를 정도로 얼키설키 직조된 다이어그램. 무얼 하려는 거지? 손가락으로 일일이 짚어가며 본 후에야 비로소 그들이 원하는 건 식당이라는 공간의 자율적인 경영 모델이며, 이곳에서 일어나는 행위들의 문화적 프로그래밍이라는 걸 깨달았다. 문화기획자 배윤호, 김건태와 공간기획자 박인영으로 이루어진 기획팀은 학생들 스스로 텃밭을 일구어 식재료를 생산하고, 이 재료로 음식을 만들어 소비하면서 사회에 유통시키는 작은 공동체를 구상했다. 이런 참여와 경영을 통해 소년원에 갇혀 있는 학생들에게 사회적 고리를 확인시키고 그 구성원으로서 그들의 낱낱한 존재 가치를 되새기게 만들자는 것이었다. 정말 엄지가 절로 치켜세워지는 좋은 생각이었다.

하지만 나도 그들도 너무 순진했던 것일까? 그들이 만든 창의적이지만 복잡한 회로는 결국 현실에서 전원을 얻지 못했다. 고등학교라는 이름으로도 불리는 소년원이지만 여느 학교와 달리 그들에게는 2학년 1반이라는 평범한 명칭 대신 201호실이라는 분류기호가 백야의 그림자처럼 늘 따라붙는다. 기획팀이 그린 이상적 경영 모델은 수감과 격리 그리고 이를 위한 통제와 감시라는 소년원의 운영규칙 속에서 심각한 장애와 오류를 일으킬 잠재적 악성 코드로 인식된 것 같다. 학생 한 명이 화장실을 가더라도 관리자 한 명이 따라붙어야 하는 상황에서 프로그램을 위해 다수의 학생이 농가를 방문하고 텃밭, 조리실, 식당을 오가며 여러 음식을 직접 만든다는 계획은 실현하기 어려울 것이다. 기획자들이 선의에서 나눠준 간식 때문에 소년원 학생들의 권력 구조 속에서 분란과 다툼이 일어난다는 건 그들 중 누구도 예상치 못한 상황이었다. 먹는 것과 공간에 대한 엇갈린 욕구들이 워

문화를
짓다

크숍이라는 외부 자극을 계기로 이미 발산되며 충돌하고 있었다.

대안으로 그들은 프로그램을 축소했다. 기획팀 사람들과 학생들이 함께 김장을 담그고, 식당 한편에 무대를 만들어 다양한 문화적 활동을 하고 소규모 만남이 이루어질 수 있도록 디자인했다. 박인영은 설계에 필요한 연필을 쥐는 대신 고무장갑을 끼고 그의 가족과 지인을 동원해 학생들과 김장을 담그고 이를 학생들의 부모에게 보내기로 했다. 아이들의 땀과 노력으로 만든 김장김치 200포기 정도를 그들의 가족이나 멘토, 친구들에게 택배로 보냈다. 과연 소금에 절여 만든 이 김치에 다시 또 짜디짠 눈물을 더하지 않고 먹은 부모가 있을까?

"복지제도가 관리자들에 의해 만들어져 내려오는 방식에는 문제가 있다. 복지 모델이 수혜자층 내부에서 자발적으로 형성되어 그것이 제도화되길 기대한다." 배윤호의 말이다. 그가 원한 상향식 모델에는 자율이 전제되어 있다. 그런데 소년원에서는 그 자율이 봉인되어 실현 불가능한 이념이다. 배윤호는 이번 프로젝트와 같은 시도가 오히려 참신한 롤 모델이 될 수 있다고 말했다. 소년원에서의 작업은 공간이나 축조물에 집중하는 작업이기 이전에 무엇보다 심리를 다루는 작업이라는 점을 강조했다. 그 심리는 학생들의 심리만이 아니라 그 역설적 상황 속에서 겪어야 하는 기획자들의 윤리의식과 선악에 대한 근원적 의심까지 모두 지칭하는 것이다.

지워질 수 없는 우리의 시간

이 프로젝트의 출발은 일면 낡은 공간을 수리하는 공간의 문제로 보였다. 프로젝트가 거듭될수록 그것은 사회학적 문제로 선회해 결국 심리와 윤리의 문제로 깊이 빠지고 말았다. 이런 상황에서 배윤호와 김건태는 1년 가까이 매주 수요일 영상촬영팀과 함께 이곳을 방문했다. 처음에는 프로그램 구상과 워크숍 때문이었지만 나중에는 아무 일 없더라도 이곳을 찾았다. 나는 그에게 '적당히 가고 나중에 공사가 끝날 때쯤 다시 가면 되지 않겠냐'는 의중을 담아, 그렇게 자주 가는 이유가 뭐냐고 물었다. 그랬더니 그는 이렇게 대답했다. "소년원이라는 심리적 공간으로 들어가는 게 너무 어려운 일이었다. 여러 다큐멘터리를 제작해봤지만 이번이 가장 어렵다. 그런데 이마저 가지 않으면 지금까지 힘들게 이어온 기획팀과 학생들 사이에 형성된 아슬아슬한 관계의 끈이 끊어질 것만 같다. 그래서 할 일이 없더라도 일단 가고 본다. 아이들에게 아무 일 하지 않아도 되는 자유를 주는 것도 나의 중요한 역할이다." 늘 모자를 뒤집어쓴 그를 감독님이라고 부르는 학생들도 이 기약 없고 사심 없는 선한 의지에 얼어붙어 있던 마음의 문을 열고 함께 노래하고 이야기하기 시작했다. 그리고 식당극장 오프닝 공연을 위해 오디션을 열어 자발적으로 프로그램을 짜면서 행사를 주체적으로 이끌어가기 시작했다.

문화를
짓다

01 그들이 함께하면서부터 다큐멘터리는 이미 시작되었다.
02 서로 마음의 문을 열기 위해 감독은 매주 빠지지 않고
   소년들을 찾았다.

이들은 대부분 어려운 가정 여건 속에서 냉혹한 사회의 아픔을 일찍 경험하며 자기통제와 사회화 능력에 상처를 입은 학생들이다. 배윤호는 그런 소년들에게 무엇을 전하고 싶었던 것일까? 그는 이내 망각될 지금의 시간과 공간을 그들 기억의 서랍에 넣어주고 싶어했다. "소년원은 학생들이 기억하고 싶지 않은 장소다. 행정상의 기록은 남지 않지만 기억은 지워지지 않는다. 그 시간들이 지워지는 건 아니다. 그럼에도 그들은 나중에 이곳에서의 기억조차 지우려 한다." 배윤호는 이 텅 빈 시간에 어떤 식으로든 새롭게 의미를 부여하고 이 망각의 시간을 이어줄 징검다리를 만들고자 했다.

어려서부터 누군가의 관심을 받아본 적이 별로 없고, 일찌감치 일을 시작해 팍팍하게 살아왔다는 학생들과 함께 실제로 1년 가까이 머리를 맞대고, 손을 부여잡고, 포옹을 하며 음식을 나눠 먹었다. 내가 불쑥 끼어들었을 때 그들은 이미 서로를 크게 호명하며 속내를 털어놓는 친밀한 사이가 되어 있었다. 기획팀 스태프가 학생의 이름을 정겹게 부르며 커피를 주문했다. "내 커피는 광주 스타일로 하는 거 알지?" 바리스타 자격증을 딴 그 학생은 '만남의 집'에서 카페를 맡고 있다 한다. 두번째 방문 때 나에게도 학생들이 가느다란 경계심의 눈초리를 살며시 풀고 편하게 말을 던지기 시작했다. 그들의 질문에는 하나같이 아주 사소한 개인의 일상에 관련된 것, 하지만 그들에게는 부재한 무언가에

문화를
짓다

대한 동경이 담겨 있었다. "대학 나오셨어요?" "결혼은 하셨나요?" "아이는 있어요?" "아파트에 살아요? 거기 좋은 동네 아니에요?" "차 있으세요? 그거 비싼 것 아닌가요?"

어떻게 대답해야 했을까? 동경과 시기 중간쯤에서 느닷없이 튀어나오는 그들의 물음에 별다른 굴곡 없이 안온했던 가족사를 내가 느낀 그대로 드러내야 했을까? 아니면 그들이 처한 냉혹한 현실과 불우한 가정사를 감안해 메마르고 건조하게 대응해야 했을까? '네' '아니요'를 요구하는 정말 간단한 질문들이었지만 나는 어떤 철학적 논제보다 답하기 어려웠다. 그때까지도 그들을 향한 나의 시선은 동정과 연민, 불안과 자기방어, 정의와 형벌 등 감정과 윤리가 복잡하게 얽힌 실타래 속에 묶여 있었다.

식당극장, 그 문이 열리고

2015년 2월 25일 수요일, 뒷걸음치는 겨울 풍경 사이로 초록 기운이 움틀 즈음 이 프로젝트에도 마지막 날이 찾아왔다. 1,559원짜리 아침 식사를 3분 만에 끝낸 학생들이 다시 식당에 모여들었다. 평소 남루한 남색 운동복에 해진 양말 차림의 소년들이 오늘은 말쑥한 흰색 남방과 검은 바지로 갈아입은 모습이었다. 점심 전까지 허용된 시간은 두 시간 남짓. 시큼한 김칫국

냄새를 곁에 끼고 노래와 시낭송 등 식당극장 오프닝 공연 리허설로 분주했다. 먼저 무대에 올라 편지를 읽어보는 한 학생의 눈가엔 이른 아침부터 작은 이슬이 맺혀 있었다.

두 달 사이 말끔하게 새단장한 식당도 눈에 띈다. 처음에 학생들이 함께 앉으면 분란과 싸움이 일어난다며 완강하게 거부되던 6인용 테이블도 이젠 식당 안쪽에 의기양양하게 자리를 잡았고, 밝은 원색 의자들이 여느 학교의 식당처럼 편안하게 식욕을 북돋웠다. 창문에 설치된 목재 블라인드는 자유를 더욱 갈망케 하던 굵은 쇠창살을 적당히 가려주며 따스한 느낌을 드리웠다. 그리고 주황색 슬라이딩 벽체가 움직이자 안쪽에 숨어 있던 10제곱미터짜리 작은 무대가 모습을 드러냈다. 리허설이 끝나고, 잠시 후 아들을 볼 마음에 얼굴이 붉게 달아오른 부모들이 기대에 찬 표정으로 하나둘 들어섰다. 그리고 드디어 막이 올랐다.

"처음 이곳에 왔을 땐 정말 막막하고 외로워 정신적 스트레스가 굉장히 심했어요. 근데 여러 가지 문화활동을 하다보니 정신적 스트레스가 많이 해소되고 구속감에서 해방되더라고요. 이곳 식당이라는 공간이 저희 모두의 생각과 계획으로 점점 바뀌어가는 것을 보고 친구들은 기뻐하고 즐거워했어요. 이제 밥도 맛있게 먹을 수 있게 되었네요. 그러다보니 어느덧 저의 10호(보호관찰 2년) 생활도 이렇게 마무리되어가고, 이제 나가면 당당한 사회인으로서 잘 생활할 수 있지 않을까 생각하게 되었습니다."

문화를
짓다

01 밝은 원색의 의자들이 여느 학교의 식당처럼 편안
   하게 식욕을 북돋운다.
02 작은 무대와 결합된 서울소년원의 식당은 새로운
   소통과 만남으로 채워질 것이다. ⓒSAAI 건축

01, 02

　서울 소년원 원생들이 식당의 새로운 무대
　위에서 미래에 대한 희망을 노래한다.

아이들이 애써 떨림을 참아가며 가는 목소리로 노래를 부르기 시작했다. 누군가는 시를 읊고, 누군가는 편지를 읽었다. 〈아버지〉〈부모님에게〉〈가족사진〉〈사랑하는 그대여〉. 학생들이 고른 노래에는 하나같이 닿을 수 없는 대상을 향한 먼 그리움이 담겨 있었다. "어른이 되어서 현실에 던져진/ 나는 철이 없는 아들딸이 되어서/ 이곳저곳에서 깨지고 또 일어서다/ 외로운 어느 날 꺼내본 사진 속/ 아빠를 닮아 있네." 〈가족사진〉의 가사가 잔뜩 움츠리고 싸매놓은 부모들의 여린 가슴속을 깊이 파고들었다. 한 학생은 세월호 사건으로 목숨을 잃은 안양 단원고 학생들을 추모하며 평범한 학교생활에 대한 소중함을 떠올렸다.

귀찮은 엄마의 잔소리에 부시시 눈 비비며 학교 갈 채비를 하던, 너 나와 같다.

지겨운 수업시간을 견디고 점심을 알리는 종소리를 들을 때면 육상선수 못지않게 식당을 향해 뜀박질하던, 너 나와 같다.

학교가 끝나면 학원, 보충, 과외 아주 가끔씩은 땡땡이 치고 친구들과 놀러 가던, 너 나와 같다.

엄격하신 아버지 다정하신 어머니 늘 티격태격하는 형 누나 동생, 너 나와 같다.

이제 들을 수도, 뛸 수도, 놀 수도 없지만 사랑받는 아들딸인 것은, 너 나와 같다.

무대에 오른 15명의 학생이 노래와 시 낭송을 잘할 리 만무했다. 하지만 그 순간 누구도 그들의 어설픔과 실수 따위를 생각하지 않았다. 주변에서 훌쩍이는 소리가 하나둘 들리더니 어느새 눈물이 눅눅한 대기를 타고 번지고 말았다.

폴 리쾨르는 그의 저서 『기억, 역사, 망각*La Mémoire, l'Histoire, l'Oubli*』에서 상처를 치유하는 과정으로서 언어와 이야기를 말한다. 기획팀이 무대를 만든 것도 이야기를 만들 수 있는 장소를 제안한 것이다. 식당이 극장이 되고, 극장이 식당이 되는 공간의 위상 변화는 청자와 화자가 뒤바뀌는 경험을 안긴다. 10개월째 소년원에서 생활중인 한 학생은 소년원 생활을 이렇게 회고했다. "나가고 싶어요. 답답해요. 자는 것 말고는 이 안에서의 생활을 별 의미 없는 시간처럼 그냥 흘려보내요. 밖에선 열여섯 살부터 고깃집이나 물류창고에서 일하면서 살아왔어요. 누군가의 관심 대상이 된 적이 없었죠." 이런 아이들이 무대에 올라 남들 앞에서 자신을 말하고 노래했다. 공연을 모두 마치고 내려온 한 학생에게 물었다. 1년 동안 이 프로그램을 진행하면서 가장 좋았던 게 무엇이냐고. "사실 라면이나 간식을 먹을 수 있어서 좋기도 했지만 같이할 수 있다는 게, 함께한다는 게 제일 좋았어요. 1년 동안 어떤 식당을 만들지 같이 계획하고 무대를 만들어가면서 우리가 스스로 공연을 기획한 게 가장 기억에 남아요. 매주 워크숍이 기다려졌거든요. 덕분에 시간도 빨리 가고, 이 갑갑한 생활

문화를
짓다

01 프로젝트 기간 내내 매주 수요일이면 어김없이
   소년원을 찾아 아이들과 시간을 함께했던
   문화기획자 배윤호 교수.
02 식당극장이 문을 여는 날, 휠체어 성악가로 유명한
   황영택 씨가 이곳을 찾아 노래를 부르고
   학생들에게 희망의 메시지를 전달했다.

에 자극이 되었던 것 같아요."

함께한다는 것. 혼자가 아니라 누군가와 함께한다는 게 무엇보다 중요했다. 극장이나 식당이라는 물리적 결과가 아니라 과정이 중요했던 이유다. 눈에 보이게 드러나지 않은 그 과정은 작가랍시고 그럴싸한 조형물이나 인테리어로 공간을 꾸미고 사진 몇 장 찍어 자신의 포트폴리오에 넣는 것으로 종결되는 보통의 프로젝트와 근본적으로 달랐다.

볼펜과 식당

이제 와서 뒤늦게 고백하건대, 내가 이 글을 제대로 쓸 만한 적당한 인물인지 모르겠다. 나는 아직 소년원과 그 안의 학생들을 감정적으로나 윤리적으로나 어떻게 바라봐야 할지 명확하게 판단이 서지 않는다. 그들이 과오에 상응하는 마땅한 형벌을 받고 있는 거라면 소년원에 수감된 학생들에게 행복이나 자유를 말하는 게 모순일까? 아직도 나는 그에 대한 대답을 찾지 못했다. 형벌과 행복은 양립할 수 있는가? 그렇다면 그들에게 어디까지가 형벌이고, 어디서부터 행복이어야 하는가? 사회제도가 갖는 집단적 효용성을 인정하면서도 학생 개개인에 대한 연민을 떨칠 수 없어, 나는 아직도 혼란스럽다.

문화를
짓다

이곳을 오가면서 솔직히 남몰래 두 번 눈물을 흘렸다. 두 아이의 아버지라는 개인적 감정이 자꾸 이 공간과 시간 속에 이입되어 나도 모르게 흐르는 눈물이었다. 처음 이곳을 방문해서 접했던 공간적 황폐함과 그 속에 갇힌 여드름 가득 핀 얼굴들을 보았을 때, 면회소에서 유모차에 앉아 있는 동생과 엄마를 앞에 두고 허겁지겁 컵라면을 먹던 어린 소년을 보았을 때, 그 옆 테이블에 앉아 아무 미동 없이 고개만 숙이고 있는 사내를 보았을 때, 그 사내의 등을 다독이는 한 여자의 넘치는 설움을 보았을 때, 그러면서 자꾸 힐끔거리는 소년들의 눈이 시계를 향하고 있음을 알았을 때, 나는 감정의 소용돌이에서 벗어나 냉정하게 그들을 바라볼 수 없었다. 그리고 두번째 눈물은 식당극장 프로젝트 마지막 공연에서 한 학생이 떨리고 가는 목소리로 부모에게 띄우는 편지를 읽는 순간 쏟아졌다. 그의 손에 들려 있던 꾸깃꾸깃한 편지…… 아무리 슬퍼도 관찰자일 수밖에 없는 내 설움은 통속적인 감정에 불과하다고 속으로 되뇌며 눈물샘을 막으려 했지만, 그래도 내 가슴이 그리 차갑진 않았던 모양이다.

법의 가장 큰 특징은 원칙과 기준이다. 하지만 문화와 예술의 속성은 근본적으로 원칙에 도전하고 기준을 벗어날 때 나타난다. 그래서 나는 처음에 소년원을 대상으로 프로젝트를 진행한다는 이야기를 듣고 그것이 적절한 선택인지 의심했다. 학생들 한 명 한 명을 알기 전에 그들을 하나의 집단으로 분류했기 때문이다. 소년들의 인간 개개인으로서의 존엄성, 그리고 그들이 아직 사회적 존재로 성장해가는 중이라는 사실을 받아들이는 순간 다른 시각이 열렸다. 소년원 공간에 변화가 일어날 때 우리는 그들을 단지 수동적 존재가 아닌 변화 가능한 능동적 주체로 끌어갈 수 있다. 인간은 공간적 존재다. "소년원은 가장 힘든 시간을 견디는 공간일 수도 있지만 한편으로는 격려와 응원을 통해 그들이 가장 쉽게 변할 수 있는 곳"이라고 한영선 원장은 말한다.

　마지막 날 리허설을 준비하던 예준이와 가까워져 이런저런 이야기를 나누었다. 그가 다시 보기 어려운 기획팀 사람들의 연락처를 적겠다며 내게서 메모지와 볼펜을 빌려갔다. 그리고 한참 뒤에 돌아와 볼펜을 건네면서 주뼛거리는 몸짓으로 어렵게 말을 뱉었다. "선생님, 이것도 볼펜이에요? 이런 볼펜은 처음 보는데…… 혹시 저한테 주실 수 없어요?" 나는 마지막으로 그의 등을 어루만지고 악수를 나누며 그의 손에 볼펜을 쥐여주었다. 그러고는 또 보자는 기약 없는 인사를 남긴 뒤 소년원을 나섰다. 그 볼펜이 상패 만드는 일을 한다는 아버지에게 그의 서툰 감정과 그리움을 전하는 작은 매개체가 되길 바란다. 식당극장도 그런 공간이 될 것이다. 그의 손에 들린 내 볼펜처럼 말이다.

문화를
짓다

+ **공간기획자** 박인영

박인영은 건축사사무소 SAAI의 공동대표로 국민대학교 건축학과와 건국대학교 부동산대학원을 졸업했다. SAAI 건축은 한국을 대표하는 젊은 설계 집단이다. 대표작으로는 2012년 대한민국 건축가협회상 베스트 7에 오른 이천 SKMS연구소, 봉천동 음악가의 집, 양구 백자연구소 등이 있다. 최근에는 어쩌다가게, 어쩌다집 등을 통해 사회적 공간을 기획하는 일에도 관심을 많이 가지고 있다. 그는 허례허식 없는 건축의 현실적 역할과 기능을 충실하게 고민하는 진지한 건축가다.

+ **문화기획자** 배윤호

배윤호는 중앙대학교 공연영상창작학부 공간연출전공 교수다. 홍익대학교 산업디자인학과를 졸업하고 독일 포츠담 바벨스베르크 콘라드울프 HFF에서 M.F.A를 받았으며, 이후 영화 미술감독과 CF 아트디렉터, 공간 연출가, 다큐멘터리 감독, 저술가로 활동하는 등 다방면에서 활동했다. 2009년 〈온양민속박물관〉, 2013년 〈서울역〉에 이어 2015년 3월 용접노동자의 일상과 삶을 관찰해 옥포조선소의 장소성과 공간의 정체성을 다룬 다큐멘터리 〈옥포조선소〉를 완성했다. 그는 대학 교수이면서도 누구보다 열정적으로 이 프로젝트를 끌어온 실천적 지식인이기도 하다.

바람이 남기고
간 풍경

박계현

　매서운 눈빛, 힘이 잔뜩 들어간 어깨, 불끈 쥔 주먹과 무거운 발걸음. 눈에 띄는 주황색 운동복을 단체로 입은 10여 명의 아이가 눈에 들어왔다. 그들의 모습에서는 살짝만 건드려도 '툭' 하고 반사적 행동이 나올 듯 긴장감이 흘렀다. 그들은 금방이라도 움직일 수 있도록 준비 자세를 취하고 있는 것 같았다. 시선이 머무는 곳은 없지만 날 선 눈빛이 이리저리 오가며 누구 하나라도 시선을 잘못 던졌다간 싸움으로 번질 것만 같은 일촉즉발의 분위기가 감지되었다.

부산소년원. '○○정보산업학교'라고 불리는 이곳에는 약 100명의 학생이 있다. 장기소년원 송치(10호) 처분을 받은 19세 미만 아이들이 직업능력 개발훈련을 통해 교정교육을 받는 시설이다. 갓 들어온 학생들은 주황색 옷을 입는다. 이곳에 꽤 머물렀던 노란색, 파란색 옷의 아이들은 보통의 10대들처럼 맑고 순진한 눈빛이다. 최장 2년간 소년원에 머물다 다시 사회로 복귀하는데, 그들이 이곳에서 지내는 짧은 시간 동안 저런 눈빛으로 바뀐다는 것이 신기하기도 했다. 저들이 살던 세상은 어떤 모습이었을까? 날이 선 저 눈빛은 어떤 기억을 담고 있을까?

그들이 사는 세상

소년원에 있는 아이들은 가정으로 돌아가도 보살펴줄 부모가 없는 경우가 많다고 한다. 따라서 현실로 돌아가더라도 가족의 보호를 받는 것이 아니라 또다시 예전에 어울리던 친구들을 만나고, 위험한 환경에 노출되어 싸움이 붙는 식으로 잘못이 반복되는 경우가 대부분이란다. 부산소년원을 처음 방문한 날 본 아이들의 눈빛을 잊을 수가 없다. 파일럿 프로그램을 진행한 이주현에게 "선생님 또 오셨네요?"라며 웃는 아이들의 모습은 내 동생 같고 아들 같고 그저 주변에서 볼 수 있는 평범한 10대와 다를 것이 없었다. 내가 진짜 가족이었다면 이 아이가 이토록 찬란한 시절에 소년원에 있다는 사실만으로도 너무나 미안할 것 같았다. 그렇다. 부모가 재판 과정을 함께하는 경우에는 소년원에 들어올 확률이 거의 없다고 한다.

법적 연령 12세 이상 20세 미만으로 규정되는 청소년이 죄를 짓고 소년원에 수감되더라도 어떠한 개인정보 기록도 남지 않는 것은 아마 이런 환경적 요인을 크게 고려했기 때문일 것이다. 경찰청 통계에 따르면 실제로 고위험군 청소년의 55퍼센트가 가정불화를, 28.8퍼센트는 가정폭력을, 47.5퍼센트는 부모의 이혼을, 11.3퍼센트는 부모의 사망을 경험했고, 16.3퍼센트는 가정의 생계를 책임지고 있다고 한다. 그들을 반겨주는 친구들 역시 비슷한 환경에서 자라왔기 때문에 그들만의 질서와 문화에서 멀어지기란 쉽지 않을 것이다. 자신이 선택할 수 없는 환경과 문화의 영향 아래에서 자라 지금은 소년원이라는 공간에 머물고 있는 아이들이 그 굴레를 벗고 새로운 삶을 살기 위해서는 무엇이 필요할까? 기획자들은 소년원이라는 공간에 조그마한 변화를 주기로 했다. 김호민은 공간기획을, 김병호는 문화기획을 맡았다.

환경, 그리고 문화의 의미

소년원 아이들에게는 소년원이라는 장소 또한 새로운 환경일 것이다. 카일렉트로닉스과, 제과제빵과, 헤어디자인과, 자동차용접과, 이렇게 총 4개 반이 각자의 수업을 진행하는 모습은 여느 공업학교와 마찬가지지만, 아침 7시에 기상해 저녁 9시에 취침해야 하고, 복도 밖으로는 나갈 수 없는 통제된 생활을 해야 하는 점이 이곳이 소년원임을 깨닫게 한다. 언제 발생할지 모르는 돌발 상황 때문에 많이 통제되지만, 이곳 아이들은 운동이나 노래 등 다양한 활동에 목말라하고 있었다. 2014년 3월에 진행된 1차 워크숍에서 아이들은 운동장에서 축구하는 시간을 가장 즐거운 시간으로 꼽았다. 장난기 넘치는 아이들에게 운동장은 몸을 맘껏 움직이고 자유롭게 뛰어다닐 수 있는 유일한 공간인 셈이다.

학생들과 선생님들의 의견을 모은 결과 김호민과 김병호는 그들의 마음속에서 가장 큰 자리를 차지하고 있는 운동장에 무언가를 설치하기로 했다. 힘이 넘치는 아이들이 자유롭게 뛰어놀 수 있는 공간, 축구를 즐겨 하는 아이들이 불편함 없이 사용할 수 있게 도와줄 요소가 필요했다. 이 모든 의견을 모아 구령대와 스탠드 위에 캐노피를 설치하기로 결정했다.

그리고 프로젝트의 전반적인 과정을 아이들과 공유하고 이

01, 02
아이들이 만든 풍경이 캐노피에 설치되었다.
바람이 불 때마다 소리가 울려퍼진다.

들이 시설물 설치 과정에 참여하도록 했다. 먼저 캐노피를 설치하기까지의 전반적인 과정을 아이들이 직접 사진으로 담게 했다. 그리고 그 사진으로 영상물을 만들어 아이들 스스로 주변 환경의 변화를 관찰하는 관찰자이자 참여자가 되기를 바랐다. 두 번째로는 캐노피에 달 풍경을 학생들이 직접 만들기로 했다. 아이들의 손을 거친 하나하나의 작품을 남기자는 의미였다.

김병호는 "미술이나 음악 같은 예술활동만이 문화는 아니다. 내가 학생들에게 전해주고 싶었던 문화가 있다"고 했다. 건축가는 어떤 일을 하는 사람인지, 작가는 무얼 하는 사람인지 이해하는 과정 속에서 하나의 작품이 나오기까지 얼마나 많은 사람들이 고민하고 협업해서 결과물을 만들어내는지 느끼고, 아이들에게 예술작품을 관람하는 경험을 전해주고 싶다는 거였다.

함께 만드는 풍경

바람에 흔들리는 산사의 풍경 소리가 귀를 간지럽히는 가을, 부산소년원의 참여 프로그램도 시작되었다. 팀마다 카메라 한 대가 지급되었고 대표자 두 명이 전반적인 과정을 기록하기로 했다. 아이들에게는 사업팀이 분명 반가운 손님이었으리라. 상자에 고이 들어 있던 카메라를 손에 쥐자 아이들의 눈이 반짝

문화를
짓다

였고 '사진작가가 되어주세요' 포스터를 소장하고 싶어하기도 했다. 소년원에는 이전부터 사진 강좌를 꼬박꼬박 들을 만큼 사진을 좋아하는 아이들이 많았는데, 아이들은 그날 비로소 실제 사진작가로 살아가는 약 5개월의 여정에 닻을 올리게 되었다.

그리고 11월 19일, 풍경 만들기가 시작되었다. 수업과 실습으로 가득 찬 아이들의 시간표 속에 전혀 접하지 못했던 새로운 시간이 조용히 시작된 것이다. 부산에서 활동하는 젊은 조각가가 강사로 나섰다. 하지만 조각칼을 사용해야 하는 작업이라 초반부터 소년원 선생님들이 조심해달라는 부탁을 해왔고 긴장된 분위기 속에서 수업이 진행되었다. 혹시 다치거나 싸움이 벌어지면 어쩌나 하는 걱정 속에서 선생님과 아이들의 줄다리기가 시작되었다. 먼저 학생들에게 MDF 합판과 조각칼을 하나씩 나눠주었다. "선생님 그때 얼굴 빨개진 사람이네요." 여자 선생님을 접한 아이들은 여느 중고등학교 학생들처럼 선생님을 놀리기에 바빴다. 팽팽한 긴장 속에서 시작된 수업은 이렇게 여느 미술 시간과 다름없이 흘러갔다.

하지만 조각칼이 마음대로 움직이지 않자 순간 욕이 나오기도 하고, 힘 조절을 잘 못해서 손을 다치는 사고가 발생하기도 했다. 그럴 때면 선생님들은 한껏 긴장할 수밖에 없었다. 또 혹시나 아이들이 부러진 조각칼을 소지할 위험을 방지하기 위해 모든 파편을 찾아내 수거하는 수고도 감수해야 했다. 하지만 어느새 조각을 즐기는 학생, 높은 완성도를 보이는 학생들의 모습이 드문드문 눈에 띄기 시작했고, 그제야 선생님들은 뿌듯함으로 가득 찬 안도의 숨을 내쉬었다. 아이들은 조각이 풍경이 되어 돌아오는 그날을 넉 달 동안 기다리기로 했다.

고운 빛으로 물들이는 풍경

이와 함께 캐노피 디자인도 본격적으로 진행되었다. 김호민과 김병호는 공통적으로 이 설치물이 단순히 비와 바람을 막아주는 시설이 아니라 하나의 미술작품이 되기를 바랐다. 아이들에게 예술작품을 감상하는 경험, 내가 사는 풍경 속에 작품이 존재하는 기억을 전해주고 싶었던 것이다.

여러 가지 구상과 우여곡절 끝에 캐노피는 철판으로 육각의 유닛을 조합하여 채운 모습으로 완성되었다. 철판은 하늘색, 보라색, 녹색을 이용하고 상부는 폴리카보네이트 복층판으로 마감했다. 안정성을 고려해 기둥 간격은 좁게 했다.

모듈 제작은 공장에서 진행하고 현장에서는 간단한 조립만 했다. 공사할 때 특히 신경써야 할 점은 최대한 작업을 외부에서 진행하는 것이었다. 선생님 입장에서는 새로운 공간을 잘 만드는 것도 중요하지만 외부 자극을 최대한 줄이고 돌발 상황을 방

문화를
짓다

01 풍경 만들기 파일럿 프로젝트를 실시했다.
02, 03
   원생들이 자신의 손으로 직접 풍경을 만들고 장식
   하고 있다.
04 아이들이 만든 풍경은 앞으로도 아름다운 소리를
   낼 것이다.

지하는 등 안전을 더욱 중시해야 했다.

소년원에 설치된 캐노피는 김호민과 김병호가 맨 처음 기획한 디자인이 아니었다. 결과적으로 초기 기획과 완전히 다른 모습으로 완성되어 그들 입장에서는 아쉬움이 남을지도 모르겠다. 하지만 하나의 작품을 완성해나가는 과정을 선생님, 아이들과 공유하고 처음으로 실현했다는 점에서 그들도 뿌듯한 보람을 느꼈음을 감추지 않았다. 딱딱한 소년원의 삶에서 작품을 감상하는 여유를 느끼게 해주고 아이들이 비 맞는 것을 막아줄 수 있다는 것만으로도 충분히 기쁜 일이었다.

바람이 머물다 간 풍경! 그 마지막 추억 이야기

김병호의 손에 상자가 들려 있다. 묵직한 무게가 느껴졌다. 아이들이 만든 조각이었다. 워크숍 이후 김병호는 작업실에서 조각들을 하나하나 다듬었고 이제 그것들은 풍경으로 탄생될 예정이었다. '딸랑딸랑, 딸랑딸랑.' 휑한 소년원 운동장에 풍경 소리가 울려퍼졌다. 이윽고 아이들이 운동장으로 내려왔다. 슬리퍼를 질질 끌며 내려오는 모양새와 달리 내심 반가워하는 눈치였다. 무관심한 듯 털레털레 걸어와서는 "잘 지내셨어요?" 인사를 건넸다. "선생님, 그동안 많이 예뻐지셨네요. 전에 왔을 때는

문화를
짓다

뚱뚱했던 것 같은데 살도 많이 빠지시고"라며 짓궂은 농담을 던지기도 한다. 박스를 열자 조각을 향해 우르르 몰려든다. "십자가는 네 거 아냐?" "와하하하, 샤넬은 누구 거야?" 하며 웃음꽃이 핀다. 한참 아래에 있는 자신의 조각을 찾지 못한 학생은 "선생님, 제 건 어디 있어요?"라며 조바심을 내는 눈치다. 자신의 조각이 조금 더 다듬어진 걸 눈치챈 학생도 있다. 관심. 아이들은 저마다 쏟은 관심만큼 작가와 자신의 작품에 애정이 생겼다. 네 명이 사다리를 잡고 가장 꼼꼼하다는 학생이 사다리 위로 올라갔다. "와 이리 잘 안 꽂히노?" 하면서도 망치질을 하고 손으로 이리저리 돌려가며 조각 풍경을 캐노피에 줄줄이 달아나갔다.

다음날은 아침부터 분주했다. 이주현 대표는 대형마트에 들러 아이들이 가장 좋아한다는 치킨과 콜라를 샀다. 이제 마지막이 될 아이들과의 추억을 기념하기 위해서였다. '모자라진 않겠지' 하며 그는 박스를 직접 날랐다. 그동안의 과정을 사진으로 담은 동영상도 만들었다. 아이들이 강당으로 모였다. 제과제빵과 학생들은 선생님들 드시라며 빵과 커피를 들고 왔다. 마지막이라서 그런지 더 따뜻하고 맛있었다. 오늘 행사의 이름은 '바람이 머물다 간 풍경! 그 마지막 추억 이야기'였다.

바람 같을 것이다. 잠시 왔다 가는 수많은 사람들 중 하나일 것이다. 하지만 부산소년원엔 함께 만든 풍경이 남았다. 캐노피가 세워졌다. 이제 비 맞을 일도 없을 것이다. 바람에 흔들리며 소리를 내는 풍경도 걸렸다. 캐노피를 장식하는 멋진 이야깃거리다. 바람은 흘러가지만 바람에 옮겨 심은 씨앗이 무럭무럭 자란다면 좋겠다. 풍경 소리는 기쁜 소식을 전해준다고 한다. 바람에 흔들리는 풍경 소리가 부산소년원에 기쁜 소식을 가득 전해주길 바라본다. 그리고 아이들이 풍경처럼 아름다운 소리를 내는 사람이 되기를.

문화를
짓다

+ 공간기획자 김호민

김호민은 폴리머건축사사무소 대표로, 2007년에 런던 사무소를 오픈한 이후 현재는 서울을 주 무대로 활동중이다. 최근작으로 2014년 JW 메리어트 호텔 동대문 스퀘어가 있다. 또한 현재 서울시 공공건축가로 활동중이며 사무소 이름이 뜻하는 바와 같이 단위체가 반복되어 연결된 형태에 관심을 가지고 작업하고 있다. 부산소년원의 캐노피 작업에서도 일맥상통하는 디자인 어휘를 보여주고 있다. 이번 사업에서 대상지 선정 평가부터 시작해 부산소년원 공간 설계를 담당했으며 부산소년원 방문 기록과 당시 사진을 날짜별 폴더로 저장해 보내줄 만큼 꼼꼼하고 열정적인 사람이다.

+ 문화기획자 김병호

김병호는 조각가다. 홍익대학교 판화과를 나와 중앙대학교 첨단영상대학원에서 테크놀로지 아트를 전공했다. 독일 프랑크푸르트 시 문화부 스튜디오에서 'Two Silences'전, 2013년 아라리오갤러리에서 'Garden in the Garden'전, 2010년 소마미술관에서 'Invisible Object'전 등의 개인전을 개최한 바 있다. 그는 감성보다는 합리성에 근거한 모듈, 모듈화된 각 요소들을 일정한 체계로 조합하고 조직하면서 하나의 구성체를 만드는 작업을 선보인다. 그는 보통 협업을 통해 작품을 완성하는데 작품이 만들어지는 과정, 예술의 사회적 역할을 중요하게 생각한다.

공놀이와
광합성

심미선

초코파이와 젠가

말랑말랑하고 촉촉한 마시멜로가 달달한 초콜릿 옷을 입고 유혹하는 초코파이는 어린 시절 내게 전래동화에 나오는 곶감과 같았다. 징징대며 울다가도 초코파이 하나면 눈물을 뚝 그쳤다. 지금 나의 어린 조카도 그렇다. 그런데 초코파이가 열렬히 환영받는 곳이 또 있다. 누구나 다 아는 군대 이야기가 아니다. 생애 그 어느 때보다 왕성한 식욕을 자랑하는 아이들이 모여 있는 곳,

바로 소년원이다.

　대전소년원이 운영하는 교육 프로그램 중에는 보드게임 젠가Jenga를 활용해 집중력과 차분함을 키우는 수업이 있다. 강사는 게임 한 판이 끝나면 잘 따라와준 아이들에게 초코파이를 나눠주는데, 결정적으로 탑을 무너뜨린 친구는 초코파이를 먹지 못한다. 그런 일련의 과정을 통해 사회규범이 무엇인지 교육한다고 한다. 게임의 룰을 따르라고 가르치는 현실은 너무나 건조하고 차갑다. 규칙을 따르지 않거나 낙오되면 그대로 제외된다. '무너뜨리면 어때, 다시 쌓으면 되지!' '오늘은 다르게 쌓아볼까?' 이런 생각을 하기는 힘들다. 사실 아이들은 이것저것 다 떠나 초코파이를 먹을 수 있다는 사실 자체에 눈에 불을 켜고 게임에 집중한다.

　문화기획자 조윤석은 프로그램 기획을 구상하던 즈음, 이 수업을 참관하게 되었다. 수업을 듣는 40명의 원생 중 덩치가 제일 크고 탄탄하며 나이도 제일 많고 그만큼 경력(?)도 꽤 고참으로 보이는 한 아이가 그에게 접근했다. 그러고는 뜬금없이 그의 주머니에 꽂힌 만년필에 대해 물었다. "이게 만년필이에요? 비싸 보이는데 얼마나 해요? 전 써본 적 없는데, 써봐도 돼요?" 철저한 이방인이자 관찰자인 그에게 역으로 관심을 보이고 말을 건넨 것이다. 희한하다 생각하며 말을 받아주고 있는데 예상치 못했던 일이 벌어졌다. 한 친구가 계속 탑을 무너뜨려 초코파이

문화를
짓다

를 먹지 못하고 시무룩한 표정으로 있자, 그 고참 아이가 자신의 초코파이를 내줬다. 그는 그 광경을 보고 수업이 끝난 뒤 강사에게 과자를 양보하는 일이 종종 있느냐고 물었더니, 강사는 (그런 경험이 없어 당황했지만 대수롭지 않다는 듯) 그런 적 없었다고 답했다.

조윤석은 "그 공간 안에서 초코파이는 사회의 돈과 같다"고 정의하며, "자신이 노력해서 획득한 보상을 상대적 약자에게 내준 것은 결코 쉽게 지나칠 수 없는 메시지가 담겨 있는 행동"이라고 말했다. 그는 이어 "그 아이는 낯선 사람인 내게 스스로 점유하고 있는 (소년원) 조직 내 위상을 확인시키기 위해 그런 행동을 했다는 결론을 얻게 되었다"고 말했다. 사실 이곳에 모인 아이들은 사회적 위계질서, 세상살이에 대한 감각이 또래들보다 훨씬 발달해 있다. 따라서 누군가가 자신의 사회에 개입하면 일종의 탐색전이 시작된다. 먹잇감에 시선을 고정시킨 맹수처럼 주위를 빙빙 맴돌며 내 능력으로 충분히 잡을 수 있는 어린 사슴인지, 아니면 자칫 나를 밟아버릴 수 있는 코끼리인지 재보는 것이다. 항상 그런 긴장 상태다.

조윤석은 한 아이가 다른 아이에게 초코파이를 건넨 그 순간을 가장 인상 깊은 장면으로 기억했다. 소년원 사회의 메커니즘과 그 아이들의 심리적 상황을 엿볼 수 있었기 때문이다. 이 경험은 그가 이후 이 예민하고 섬세한 아이들과 보낼 시간을 설계하는 데 중요한 실마리로 작용했다.

특별한 아이들의 4주

부모를 비롯해 가까운 어른의 보호를 받지 못하는 환경에
놓여 있는 아이들은 쉽게 범죄에 노출된다. 신체조건이나 끼, 재
능 면에서 두각을 나타낼 경우 초등학생 시절부터 이미 조직에
'리쿠르팅'되는 경우도 있다고 한다. 그렇게 어영부영 합류하게
되면 전국 1퍼센트가 되기 위해 노력하며 살길을 찾아가게 되는
것이다. 안온한 가정의 아이가 자아실현을 위해 학업과 취업 등
생의 단계를 거쳐간다면, 이 아이들은 점점 큰 사건을 경험하는
과정을 통해 전국구 거물로 세를 넓혀간다.
　이처럼 소년원을 거쳐가는 아이들의 삶에 대해 주워들은
것들을 곱씹다보니 그들과 대면하는 데 두려움이 앞섰다. 대전
시 끝에서 끝까지 가려면 한 시간 남짓 걸린다는데, 소년원에 가
려고 대전역에서 택시를 타고 30분 정도 달렸다. 소년원은 시내
에서 동남쪽으로 뚝 떨어진 외진 곳에 섬처럼 덩그러니 서 있었
다. 그곳 아이들과 두 시간을 보내기 위해 안으로 들어갈 생각을
하니 내가 감호조치되는 것처럼 긴장되었다. 게다가 들어가서
보니 모두가 짧게 깎은 머리에 검은색과 파란색이 섞인 같은 디

문화를
짓다

자인의 운동복을 입고 남색 슬리퍼를 신고 있었다. 유니폼이 주는 위압감이란. 하지만 이곳에 격리 조치된 아이들의 사연을 들여다보면 심각한 수준의 범행을 저지른 아이들만 있는 게 아니다. 뽀얀 얼굴에 순간순간 보이는 티 없이 맑은 표정이 마치 막냇동생 같기도 하다.

하지만 어떠한 연유로든 법원으로부터 죄과에 대한 반성이 필요하다는 판결을 받고 '8호'로서 4주간의 보호 처분을 받은 남자아이들이다. 4주는 기술을 가르치기에도 터무니없이 짧고, 인간적인 관계를 맺기에도 부족한 시간이다. 하지만 아이들의 흥미를 환기하고, 앞으로의 삶을 위해 잠시 쉬어가기에는 충분한 시간이다. 그렇기 때문에 이미 대전소년원에서는 원생들을 위한 우쿨렐레, 모둠북 등 음악교육을 실시하고 있다. 대부분 종교단체 파견자나 상담사, 자원봉사자들이 수업을 진행한다. 여건상 원생들이 듣고 싶은 수업을 자발적으로 선택할 수는 없다. 같은 날 들어온 동기 40여 명과 함께 같은 프로그램을 체험하며 한 달을 보내는 것이다.

그래서 기획자는 삭막한 중정을 새롭게 꾸며 적극적인 야외활동이 가능한 공간으로 탈바꿈시키고, 여기에 외부에서 할 수 있는 문화예술 프로그램을 기획하기로 했다. 건축가 김수영과 문화기획자 조윤석은 구체적인 그림을 그려나가기 시작했다.

중정에서 펼쳐질 힙합 공연을 상상하다

붉은 벽돌로 지어진 전형적인 학교 건물을 한 바퀴 스윽 돌아보는데, 혈기왕성한 젊은 나이에 이 안에만 있기가 얼마나 답답할까 싶었다. ㅁ자 구조의 건물을 보니 내가 다녔던 고등학교가 떠올랐다. 나의 모교도 ㅁ자 구조였는데, 중앙의 아트리움에 귀신이 갇혀서 떠돈다는 소문이 돌기도 했다. 소문 덕분인지 영화 〈여고괴담〉 시리즈의 촬영지가 되기도 했다. 문득 그 생각이 나서 대전소년원 중정에 들어섰을 때 기분이 썩 좋진 않았다. 그야말로 갇힌 기분이 절로 들었다.

하지만 이곳은 아이들에게 해방의 공간이었다. 그들은 복도에 다닥다닥 붙은 25개의 방에서 두세 명씩 생활하고, 공용 화장실을 쓰며, 같은 방에 있는 원생 외에는 누가 누구인지 잘 알지도 못한 채 생활했다. 그리고 곳곳에 설치된 CCTV가 그들의 모든 움직임을 지켜보고 있었다. 매일 이 아이들과 함께 시간을 보내는 선생님은 "남자애들은 모여 있으면 치고받는 일이 자주 생겨서, 사각지대가 생기지 않도록 CCTV를 설치해뒀어요"라고 말했다. 어쩔 수 없는 일이었다. 그렇기 때문에 일주일에 두 시간씩 두 번, 아이들의 '광합성'이나 체육활동을 위해 쓰이는 중정은 소중한 공간이었다. 건축가 김수영은 이곳에 어떻게 생기를 불어넣을 것인지 고민했다. 처음에는 중정을 둘러싼 건물

문화를
짓다

01 ㅁ자 건물 안에 위치한 소년원 중정은 원생들에게
   해방의 공간이다. 사진은 프로젝트가 시행되기
   전의 모습이다. ⓒ숨비건축
02 건물로 둘러싸인 이 공간은 예전에 농구대와
   빨랫대가 어지럽게 엉켜 제대로 활용되지 못했다.
   그런 곳에 회랑이 세워져 아늑한 분위기가
   형성되었다.

의 입면, 구석에 놓인 농구대, 그 뒤에 세워진 빨랫대까지 포함한 공간을 활용해 공연이나 전시도 하고, 야외수업과 신체활동까지 할 수 있는 공간을 만들면 어떨까 구상했다.

이 과정에서 이곳을 직접 사용하고 있는 원생들과 선생님들의 아이디어를 귀 기울여 들으려 했다. 자주 찾아가서 이것저것 물어보고 그림을 그려달라고 하니 아이들이 흥미를 보이기 시작했다. 매주 아이들이 보여준 배치도에는 대부분 족구장, 농구장과 같은 운동시설이 가운데에 그려져 있었다. 그중 섬세한 아이들은 건물 사이를 오가는 길에 비를 피할 수 있는 회랑을 그려 넣는다든지, 선생님들과 편하게 앉아서 쉴 수 있는 벤치를 구상하기도 하고, 함께 가꾸는 화단에 '잡초 제거'라는 말까지 메모해두는 살뜰함을 보이기도 했다.

최종적인 회랑 디자인은 초기 계획에 비해 많이 간소화되었다. 처음에는 전시 등을 고려해 철망을 설치할 계획이었으나, 구조물에서 분리될 수 있는 장치는 자칫 위험한 요소가 될 수 있어 제거하고 순수한 뼈대만 남았다. 회랑은 백색 골강판을 지붕으로 얹고, 이를 따라 철제 벤치를 놓았다. 회랑을 놓은 가장 중요한 이유는 중정에서 아이들이 편안하게 쉴 수 있는 공간을 만들어주기 위해서였다. 기획자는 "한 기수에 해당하는 40명의 아이들이 중정에서 쉬는 시간이 되면, 사실 위계에 따라 10명 정도만 공놀이를 하고 나머지는 건물 외벽에 기대거나 앉아서 쉬는

문화를
짓다

것이 보통이라고 들었다"며 "최대한 아이들이 그늘에서 쉴 수 있는 환경을 만들어주는 데 힘썼다"고 말했다.

가운데에서 공놀이를 하려는 아이들에게는 회랑이 장애물로 여겨질 수도 있다. 하지만 이곳은 경기를 지켜보는 다른 친구들의 관중석이 될 수도 있고, 선수 대기실이 될 수도 있고, 잠시 쉬었다 가는 벤치도 될 수 있다. 함께한다는 느낌을 불어넣는 장치가 되는 것이다. 이는 중정이 무대가 되었을 때도 같은 이치로 적용된다. 아이들은 중정을 무대 삼아 한 명의 아티스트가 되어 장기를 뽐내기도 하고, 빙 둘러앉은 다른 아이들은 그 모습을 지켜보며 응원하거나 순서를 기다릴 수도 있고, 마음이 동하면 무대에 동참할 수도 있는, 함께 어울리는 공간이 될 것이다.

조윤석은 이렇게 만들어진 공간에서 또래 아이들이 친숙하게 느끼는 힙합을 함께 즐기는 시간을 보내기로 결정했다. 우려도 있었다. 하지만 전문적으로 청소년에게 힙합 교육을 하는 박하재홍, 래퍼 술래와 프로듀서 내토, 박선희 a.k.a. Rosy와 함께 팀을 꾸려 밝은 힙합으로 즐겁게 수업을 꾸려나갔다. 힙합이 갖는 자유와 존중, 화합의 정신으로 함께 재미있게 노는 법을 공유하는 것을 목표로 삼았다.

전체 프로젝트를 진행하며 사계절을 보냈다. 원생들은 겨우내 공사중인 중정을 호기심 어린 표정으로 지켜보기도 하고, 중정 청소 당번이 되어 먼지 청소를 하면서 간간이 중정이 달라지는 모습을 바라보기도 했다.

라임 위에 풀어낸 속마음

2015년 2월 23일, 소년원 생활 4주 차, 수업 3주 차를 맞이한 원생들은 이제 마지막 수업이라서 그런지, 아니면 사회로 돌아갈 날이 며칠 남지 않아서 그런지 조금 들뜬 모습이었다. 그새 친해진 아이들은 수업을 기다리는 동안 서로 엉겨붙어 툭탁거렸다. 그 몸짓이 과하다 싶으면 맨 뒷자리에 앉은 소년원 선생님의 제재가 따랐다. 명령과 통제, 감시와 규율로 꽁꽁 묶여 있는 아이들에게 힙합 강사 박하재홍은 마지막 수업을 시작하면서 '힙합은 자유'라고 다시 한 번 강조했다. 자유라는 말이 강사와 원생들 사이에 유대관계를 형성했다. 아이들의 눈빛이 빛나기 시작했다.

마지막 수업에선 3주라는 길지 않은 시간이지만 처음으로 가사를 써보고 자신의 노래를 준비한 학생들이 발표를 했다. 그 중에서도 야무지게 준비한 두 친구의 발표가 있었다. 무대 뒤편으로는 노트에 빼곡하게 적은 삐뚤빼뚤한 글씨가 떠올랐다. 고민하며 자신의 이야기를 적어 내려간 것이다. 한 아이는 '돌이킬 수 없는 시간에 대한 스토리'를 발표했다.

정말 내 잘못이라는 것을 나는 잘 알지만

이제와 돌이킬 수 없는 시간이라는 것

그 시간이라는 걸 뛰어넘을 수는 없지만

바꿀 수 없는 것이 나의 현실

이런 현실을 뛰어넘어보려고 했지

황소처럼 미친 듯이 날뛰어봤지만

이제는 안 된다는 것을 깨달았지

그래서 나는 소년원이라는 곳에서 하루하루 버텨갔지

이제 나가서는 또다시 사고를 치지 않을 거야 꼭 두고 봐

놀라웠다. 통통하고 듬직한 체격에 이제 막 겨울잠에서 깨어난 곰 같은 표정으로 이 워크숍이 남의 일인 양 앉아 있었는데, 무대 앞으로 나가니 얼굴에 훤한 빛이 돌았다. 비트가 적막을 깨고 들어오는 순간 그의 입에서는 자신의 지난날이 속사포처럼 쏟아져나왔다. 어금니를 꽉 깨물고, 주먹으로 벽을 치는 몸짓에서 그의 후회와 간절한 마음이 느껴졌다. 모든 조명이 환하게 켜진 강의실에서, 함께 생활하는 아이들이 지켜보는 앞에서, 그리고 낯선 사람들이 자기를 쳐다보며 사진까지 찍고 있는 상황에서도 의연하게 자신에 대해 말하는 그의 표정은 '뭐 이런 것쯤이야'와 '드디어 끝났다'의 경계를 오가고 있었다. 언제나 덤덤한 표정과 뚱한 말투로 일관하던 그였지만 이 순간만큼은

MIC를 잡은 전문 래퍼 못지않았다. 그는 부러운 눈빛을 보내는 원생들의 박수갈채를 뒤로하고 유유히 자기 자리로 가서 앉자마자 금세 수줍은 10대 소년으로 돌아갔다.

자유를 갈망하는 아이는 아픈 이야기에 의지와 다짐을 담아 한 글자 한 글자 적어 내려갔다. 누구도 관심 두지 않았던 자신의 이야기를 다른 사람들에게 조심스레 건네보고 그 노래에 사람들이 환호하는 무대를 경험해본 그는 앞으로 살아가면서 이 순간을 잊지 못할 것이다.

따뜻한 봄날로 미룬 숙제

세 번의 수업을 앞두고 문화기획자를 비롯한 강사진이 결심한 게 하나 있었다. 그것은 아이들에게 찍힌 사회적 낙인을 들추지 않고, 과거의 죄를 묻지 않고, 그들의 마음을 열어 함께 움직이게 해야 한다는 원칙이었다. '우리는 너희를 바꾸기 위해 이곳에 왔어'라거나 '이걸 해내야 너희가 상을 받을 수 있어'라는 메시지를 전달하기보다는 지금 이 순간 용기를 내어 나를 말하고 표현할 수 있게 도와줌으로써 스스로를 돌아보고 행동할 수 있는 동기를 마련해주고자 했다. 그래서 가시적인 보상이 있는

문화를
짓다

01 힙합 수업 모습. 강사 니토와 슐래가 공연을 하고
   있다.
02 비트 메이킹 수업 모습. 아이들이 직접 참여해
   비트를 만들었다.
03, 04
   파일럿 프로젝트의 성공을 축하하는 힙합공연이
   펼쳐지고 있다.

과제를 부여하지 않았던 것이다. 생각해보면 진정한 내적 동기야말로 예술이 피어나는 자양분이다.

고무적인 것은, 소년원에서의 수업이 다른 일반 학교에서 진행하는 수업보다 집중도나 호응도가 더 좋았다는 것이다. 아무래도 일반 학생들은 관심 있는 소수의 아이들만 선택적으로 즐기는 반면, 원생들은 소년원에서 제공하는 수업을 무조건적으로 받아들여야 하는 상황이고, 그럴 준비가 더 잘 되어 있기 때문일 것이다. 비록 몸은 갇혀 있지만 역설적으로 더 열린 마음으로 무언가에 집중하고 이를 받아들일 자세를 갖춘 아이들. 이들에게 우리는 어떤 세계를 더 보여줄 수 있을까. 가사를 쓰는 과정에서 아이들이 생각지도 못했던 내밀한 속내를 털어놓아 강사진은 깜짝 놀랐다고 한다. 결국 아이들이다. 자꾸 마음의 문을 두드리고, 손을 내밀면 분명히 달라지는 것을 경험할 수 있을 것이다. 조금 어눌하더라도 어느 순간 자신의 이야기를 할 때, 그리고 그 마음을 어른들이 헤아려줄 때, 변화는 시작될 것이다.

어느새 계절이 바뀌어가고 있다. 소년원에서 소식을 전해왔다. 이제 아이들은 중정에서 족구도 하고, 다른 아이들은 회랑에서 그 모습을 구경하며 쪼르르 앉아 다음 차례를 기다리는 등 우리가 상상하고 그리던 일들이 펼쳐지고 있다고 한다. 새로운 원생들이 중정 회랑에 둘러앉아 자신감 있는 몸짓으로 자신만의 이야기를 노래할 날이 오길 바란다.

문화를
짓다

+공간기획자 김수영

김수영은 1995년에 홍익대학교 건축학과를 졸업하고, 1997년에 경기대학교 건축대학원을 졸업했다. 2010년 건축사사무소 숨비를 설립했고, 현재 홍익대학교와 한국예술종합학교에서 설계, 재료, 구조를 가르치고 있다. '2014 젊은 건축가상'과 '2015 신진건축사대상'(장려상)을 수상했으며, 2015년부터 '서울시공공건축가'로 활동하고 있다. 건축가는 하나의 직능이고, 건축의 본질이 구축에 있다고 생각하여 기본적인 것에 충실하려고 애를 쓰고 있다. 대전소년원의 회랑은 중정 공간을 어떤 방식으로 점유할 것인가에 대한 질문에서 출발한 것이다.

+문화기획자 조윤석

조윤석은 홍익대학교에서 건축을 공부했고, 황신혜 밴드, 밴드 아나킨 프로젝트에서 베이시스트로 활동하는 등 홍대 앞에 진지를 둔 예술가이자 상상력개발연구소의 소장이기도 하다. 동에 번쩍 서에 번쩍, 하고 싶은 일을 밀어붙이며 살아가는 그에게 대전소년원 힙합 수업은 또다른 예술이자 건축이고, 또하나의 가능성이었다.

2부 청춘 유예

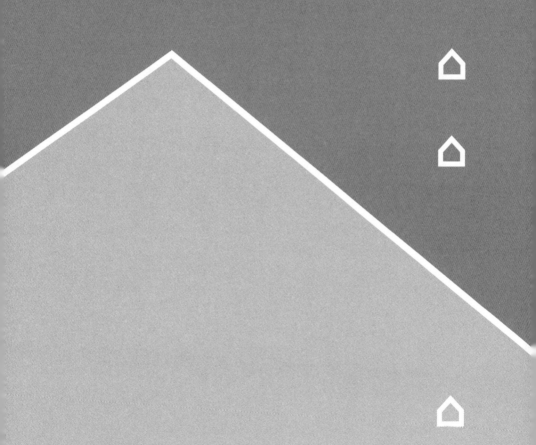

섬과 육지를 잇는
책들의 집

심영규

"한반도가 포화에 휩싸였다!"

연평도를 떠올리면 그날 그 순간을 잊을 수 없다. 2010년 11월 23일 화요일 오후 3시경, 조용하던 평일 오후에 편집국이 갑자기 술렁였다. TV 뉴스에선 긴급 속보가 자막으로 떴다. 그리고 몇 시간 뒤 실시간으로 연평도를 뒤덮은 검은 연기를 생생하게 볼 수 있었다. 당시 일간지 기자로 있던 나는 편집국 뉴스룸을 지키고 있었다. 편집국은 발칵 뒤집혔고 모두 비상근무에 돌입했다. 그날 현실 같지 않던 연기 자욱한 사진은 다음날 모든 일간지의 1면을 장식했다. 이 사건이 더 큰 충격과 공포로 다가온 이유는 그로부터 10년 전인 2001년 9월 11일로 거슬러 올라간다. 당시 훈련소에서 텔레비전으로 본 영상은 미국 뉴욕 한복판에 우뚝 서 있던 세계무역센터 빌딩이 갑작스러운 항공기의 추돌로 붉은 화염을 뿜으며 무너져내리고 있었다. 마치 컴퓨터 그래픽으로 만든 영화의 특수효과 장면을 보는 듯 너무 생생해 도리어 비현실적으로 여겨지던 그 장면을 잊을 수가 없다.

북한에서 날아온 해안포가 연평도를 불바다로 만들고, 군부대뿐 아니라 민가에까지 포탄이 떨어져 마치 서울 한복판이 공습을 당한 것처럼 전 국민을 충격과 공포로 몰아넣었던 그날로부터 꼬박 5년이 흘렀다. 눈앞에 놓인 텔레비전에선 뻔하디뻔한 아침 드라마 한 장면이 지나가고 있었다. '또 비슷한 치정극이겠지.' 시큰둥하니 고개를 옆으로 돌리자 이내 망망대해가 펼쳐졌다. 인천연안부두 터미널을 떠나 소연평도를 향해 출발한 플라잉카페리호는 육지를 떠난 지 꼭 두 시간 만에 연평도에 다다랐다. 머릿속에 각인돼 있던 그날의 불바다 속 K9 자주포와 검은 연기로 덮인 연평도가 실제로 눈앞에 다가왔다.

그러나 막상 부두에 내려서 본 연평도는 서해에 있는 여느 섬과 크게 다르지 않았다. 짙은 안개가 낀 궂은 날씨였지만 여객선 좌석은 절반 넘게 찼고 사람보다 더 많은 짐이 선착장에 내려졌다. 민박집이나 펜션 광고가 곳곳에서 눈에 띄었고, 짐을 잔뜩

문화를
짓다

01 버려져 있던 원래 막사 건물.
02 연평도서관으로 새롭게 탄생한 막사.

실은 여행객, 휴가를 다녀와 복귀하는 듯 보이는 군인과 섬 주민, 스티로폼 상자에 담긴 꽃게를 실은 트럭이 작은 항구를 가득 채우고 있었다.

"도서관 개관 행사에 오셨죠?" 밝은 얼굴로 인사하는 윤영철 대위의 안내를 받아 20인승 승합차에 몸을 싣고 검문소를 거쳐 연병장으로 들어섰다. 왼편에 작은 2층 건물과 '연평도서관'이라는 글자가 멀리서 보였다. 그리고 그 아래 'What is your Book?'이라는 말이 쓰여 있다.

'연평도에 도서관이라니⋯⋯' 아침에 연안부두로 가는 길에 택시 기사에게 연평도로 간다고 하자 인천에서만 30년을 살았다는 그도 "위험한 곳 가시네요"라며 걱정했다. 그런 '위험한' 연평도에 나는 왔다.

연평도, 그리고 도서관

오후 2시에 열리는 도서관 개관 행사를 앞두고 일찍부터 수십 명의 해병대 장병이 도서관을 메우기 시작했다. 도서관은 지어진 지 30년도 훌쩍 넘어 그동안 버려져 있던 장병들의 낡은 막사 건물을 공간 조성해서 만들었다. 새로 생긴 밝은 흰색 공간에 국방색 군복과 팔각모를 쓴 장병들이 들어서니 낯선 분위기가

볕이 환하게 드는 도서관에서 장병들이 책을
읽고 있다.

연출되었다. 마치 흰 공간에 콘크리트와 구조가 드러나도록 거칠게 마감한 이 도서관처럼 말이다.

현재 한국엔 830여 개의 공공도서관이 있다. 매년 조금씩 늘어나고 있지만, 여전히 부족한 편이다. 2003년에 전국적으로 '기적의 도서관' 열풍이 불었다. 당시엔 소외된 지역에 도서관을 지어주는 사업이었다. 이 사업은 공중파를 타고 전 국민이 시청하는 유명 프로그램에 소개되어 한동안 큰 관심을 끌었다. 또한 문화체육관광부에서는 경제적으로 어려운 외국 지역에 아주 작은 도서관을 지어주는 사업을 꾸준히 해나가고 있다. 현재 전 세계에 200여 개의 작은 도서관을 건립했다. 그러나 아직도 도서관의 불모지가 있다. 바로 군대다. 실제로 군대에는 온전한 도서관이 거의 없다시피 하다. 기존의 '진중문고'나 '세종문고', 국방부의 홍보용 도서 위주로 운영되던 작은 독서실 규모의 공간이 있을 뿐이다. 그래서 국방부에서 선정한 이곳 연평부대에 도서관이 들어서게 되었다. 에이코랩의 정이삭이 건축을, 땡스북스의 이기섭이 문화기획을 맡았다.

"결국 좋은 책이란 명확한 답을 주는 것이 아니라 새로운 질문을 던짐으로써 생각하게 만드는 것이 아니겠는가?"

—강창래, 『책의 정신』

문화를
짓다

나만의 아지트로 여행을 떠나다

최근 군대 내 폭력 등 인권침해 사건이 사회적 이슈다. 군대는 국방의 의무를 다하기 위해 가야 하는 곳이지만 꽃다운 청춘의 시간을 바쳐 나라를 지킨다는 게 쉬운 일만은 아니다. 군인들이 받는 정신적, 신체적 억압과 스트레스를 적절하게 풀어줘야 한다. 군대에서는 규율과 통제에 따르는 단체생활을 해야 하기에 개인적인 시간이나 공간을 가지기 어렵다. 그러나 그들에게도 잠시나마 마음을 편히 쉴 수 있는 공간이 필요하다. 또한 군인들은 군생활이 자신을 위해서도 좀더 의미 있는 시간이 되길 바란다.

그래서 이기섭은 "다른 공연장이나 문화공간도 중요하지만 도서관이 가장 필요하리라 생각했다"고 말한다. 정이삭도 "현재 외부에서 만든 도서관이 정식으로 들어선 부대는 없는 걸로 알고 있다. 군인들은 폐쇄된 환경에서 생활하기에 외부와 접할 수 있는 미디어가 별로 없는데 책이 그나마 그 갈증을 해소해줄 수 있다"고 말했다. 그래서 단순히 도서관만 만드는 게 아니라 젊은 20대 초반의 남자들이 재미있게 읽을 수 있는 책 1천 권을 고르기로 했다. 또한 자체 프로그램도 운영해 이 사업이 지속적으로 이어질 수 있도록 했다. 결국 이 프로젝트는 버려진 막사와 창고를 책이라는 미디어를 통해 의미 있는 문화공간으로 만드는 작업이다.

이기섭은 영화 〈카모메 식당〉을 생각했다. 이 영화는 낯설고 외진 핀란드의 수도 헬싱키에서, 일본인 여성들이 음식을 통해 현지 사람들과 소통하고 자신을 돌아보게 된다는 내용을 담고 있다. 결국 이 도서관 프로젝트의 성공 여부는 앞으로 이곳을 가꾸고 운영해나갈 사람에게 달려 있다. 그래서 처음부터 도서관의 성격을 명확하게 규정하고 부대원들과 교감을 나누기 위해 서로의 관계에 주목하는 공간으로 디자인했다. 두 번의 워크숍을 거쳐 그들이 필요로 하고, 연평도에 어울리는 도서관에 대한 아이디어를 모았다. 미래의 사용자인 장병들에게 각자 원하는 도서관의 이미지를 그림으로 그리게 했다. 장병들의 아이디어를 모으니 '개인적인 공간' '편안한 공간' '휴식이 있는 공간'으로 정리되었다. 몇 가지 요구사항도 있었다. '군대 용품은 사용하지 말고 육지에서 볼 수 있는 물품을 사용하길' '부대장님, 사령관님 사진 붙이지 않기'. 결국 이들은 개인적인 편안한 공간이라는, 군대와는 어울리지 않는 일탈의 공간을 꿈꾸고 있었다. 이곳에서 책을 읽는 시간만큼은 세상 멀리 여행을 가는 상상의 나래를 펼칠 수 있게 말이다.

"책을 읽으면, 삶의 마지막에 가서는 수없이 많은 삶을 살게 되는 거예요. 그건 굉장한 특권이지요"
　　　　　　　　　　　　　　　—『작가란 무엇인가』, 움베르트 에코 인터뷰 중

낡은 막사가 도서관이 되기까지

이곳은 애초에 2층으로 된 낡은 막사였다. 적갈색 벽돌과 흰색 페인트가 칠해진 화장실과 낡은 보일러실의 복잡한 배관이 지나가던 건물이었다. 흰색 석고보드 패널이 천장을 덮고 바닥도 대충 깔려 있었다. 방마다 창고처럼 잡동사니가 어지럽게 나뒹굴었다. 단조로운 구조의 270제곱미터의 공간은 복도와 계단, 그리고 여러 개의 방만 있는 효율성이 집약된 공간이었다. 그래서 정이삭은 병사들의 의견을 수용해 효율성뿐 아니라 그들이 필요로 하는 공간을 기획해보기로 했다.

2014년 봄, 먼저 건축가와 문화기획자가 처음으로 이곳을 찾아 기존의 낡은 건물을 확인했다. 그리고 인근에 있던 오래된 작은 도서관도 둘러봤다. 그해 겨울, 드디어 공사가 시작되었다. 먼저 건물 전면에 있던 방호벽을 철거한 뒤 막혀 있던 좁은 방들을 트고 1, 2층 사이의 콘크리트 바닥을 철거했다. 그랬더니 그제야 1층에도 빛이 들어왔다. 2월 13일엔 해병대 대원들과 함께 '육지'에서 가져온 합판으로 책장과 의자 등 가구를 만들었다. 그들은 직접 만든 가구를 더 소중하게 사용할 터였다. 도서관의 이용자인 장병들에게는 연평도가 일종의 떠나기 위한 섬이었다. 그들은 임기나 근무기간을 마치면 육지로 나가고 다른 사람이 뒤이어 올 것이다. 그러나 언젠가 떠나더라도 머무는 동안만큼

작은 책이 모여 도서관이 되고, 책은 사람을
만든다.

은 그 공간을 소중하게 여긴다면 그 공간은 후임들에게도 잘 전달될 것이다.

도서관 건물이 완성되자 투박한 공간에 본격적으로 책을 들일 준비를 했다. 작은 책이 모여 도서관이 되고, 책은 사람을 만든다. 정이삭은 "도서관은 일종의 아카이브다. 물리적인 공간이 아니라 이곳의 소중한 시간이 기억에 남을 것이다. 그래서 도서관은 '책이 아닌 기억을 남기고 저장하는 곳'이다"라고 말한다.

완성된 도서관 중앙은 1층과 2층이 시원하게 뚫려 있고 나무로 만든 집 모양의 책장이 가운데 놓여 있다. 도서관은 미로처럼 책장과 선반, 의자로 막혀 있기도 하고 뚫려 있기도 하다. 2층에서 내려다보면 1층을 지나는 구조물이 이 나무집 모양의 책꽂이로 연결되어 있다. 마치 홍대에 있는 유명한 카페에 온 기분마저 든다.

군대에서 접하기 어려운 그래픽 노블, 디자인·예술 책도 있고 매달 주제를 정해 책을 바꿔 넣는 코너도 있다. 마치 미술관처럼 소장품 전시와 기획 전시가 동시에 운영되는 분위기다. 장병들마다 좋아하는 공간도 달랐다. 밖을 바라보며 책을 읽을 수 있는 중앙 공간을 좋아하는 장병이 있는가 하면, 혼자만의 장소로 숨어드는 공간을 선호하는 이도 있었다. 1층 한쪽에는 사진관도 만들었다. 투명한 화장실 창문에 붙어 있는 문구가 특히 인상적이다.

문화를
짓다

01 해가 뉘엿뉘엿 지니 인상적인 도서관의 로고가
    눈에 들어온다.
02, 03 볕이 잘 드는 이곳은 장병들이 가장 좋아하는
    공간이다.

"자기 안에서 배움에 대한 진지한 열망을 찾지 못한다면 다른 곳
에서도 도움을 기대해서는 안 된다. 이 열망을 깨울 수 있는 사
람은 바로 자신뿐이다."

—윌리엄 암스트롱,『단단한 공부』

책을 큐레이션하다

연평도서관은 기존 도서관들처럼 꽉 짜인 순서나 배치 방법
을 사용하지 않은 게 특징이다. 책의 종류도 색다르고 책 진열 방
식도 표지가 잘 보이도록 배치했다. 이기섭은 "책의 시작은 본문
이 아닌 표지부터"라며 책을 만드는 사람들이 표지에 얼마나 신
경을 쓰는지 강조했다. 그래서 마치 책의 전시장 같다. 도서관에
생명력을 불어넣으려면 새로운 책을 지속적으로 공급하는 일도
중요하다. 오래되고 낡은 책만 있으면 정체되는 분위기를 바꿀
수 없다. 그래서 생각한 것이 매달 책을 큐레이션해서 전시하는
방법이다. '책의 큐레이션'이라니! 좀 생소한 표현이지만 연평도
라는 단절된 지역에서 한창 신기하고 알고 싶을 것이 많을 20대
초반의 남자들이 이용할 도서관이란 걸 생각하니 절로 수긍이
갔다.

이기섭은 "가장 고민했던 키워드는 '호기심'"이라고 말했

문화를
짓다

새로 개장한 연평도서관은 마치 책의 전시장을
방불케 했다.

다. 익숙한 도서관과 달리 문화적인 충격과 자극을 받을 수 있게 만들려고 노력했다. 그래서 딱딱한 자기계발서나 이론서는 피하고 호기심을 키울 수 있는 취미나 재미있는 내용의 책 위주로 준비했다. 반려동물이나 식물 이야기도 있고 만화나 건축과 도시에 관련된 책도 많다. 호기심은 누구나 있다. 단지 이를 발전시킬 계기가 필요할 뿐이다.

'남자의 기술' '생존 지침서' '나무의 온도' '연필 깎기의 정석' '반려식물' '기타 멋지게 한 곡' '젊은 오너셰프에게 묻다' '천재 아라키의 진짜 사진론' '자살보다 섹스' '문신 유희'. 도서관 곳곳에 놓여 있는 책들의 제목이다. 게다가 벽 곳곳에 쓰여 있는 책에 관한 명언들은 이 공간과 더없이 잘 어울렸다.

"아무리 유익한 책이라도 그 절반은 독자가 만드는 것이다."

—볼테르

동네 서점과 카페

앞에서 공공도서관이 조금씩 늘어나고 있다고 했는데, 동네 서점은 반대로 줄어들고 있다. 과거에는 전국적으로 수만 개에 이르던 동네 서점이 이제 많이 사라졌다. 반면 동네마다 카페

문화를
짓다

가 늘고 있다. 동네 서점은 줄어들고 카페가 늘어나는 이유는 뭘까? 도쿄 한복판에 위치한 쓰타야서점蔦谷書店은 여행자뿐 아니라 여전히 현지인들의 사랑을 독차지하고 있고, 타이베이에 있는 청핀서점誠品書店은 온갖 종류의 책을 구경하고 차를 마실 수 있는 명소 중의 명소다. 그러나 우리가 생각하는 서점은 이와 다르다. 예전의 동네 서점은 책을 판매하기만 하는 장소였다. 그렇기 때문에 인터넷 서점이 많아지면서 자연스럽게 도태했다. 반대로 카페는 커피만 판매하는 장소가 아니라 모임과 문화도 판매한다. 동네 서점이 책과 문화를 함께 즐기는 공간이 된다면 카페처럼 동네마다 다시 생길 수 있지 않을까.

포격사건 이후 많은 주민이 연평도를 떠났다. 연평도에는 현재 부대원이 대략 1500명쯤 있고 주민은 고작 200여 명밖에 안 된다. 부대가 떠나면 그야말로 섬 자체가 황폐해질 수 있다. 그래서 이 도서관은 지역 주민도 이용할 수 있도록 할 것이다. 부대와 주민을 연결하는 작은 공간인 셈이다.

해가 뉘엿뉘엿 지니 인상적인 도서관의 로고가 눈에 들어온다. 바다 한가운데 섬이 있고, 작은 산 세 개와 가운데 초등학교 모양의 건물이 있다. 이곳이 연평도서관이다. 귀여운 군용 트럭과 탱크가 앙증맞게 배치되어 있고 섬과 육지를 연결하는 유일한 교통수단인 배도 있다. 그리고 길게 그어진 선이 섬과 육지를 연결하고 있다. 잠시나마 육지와 연결된 것처럼 느끼고 싶다는 군인들의 염원을 담았다. 잠시 '여행'을 주제로 장병과 대화를 나눴다. 제대하거나 휴가 나가면 가고 싶은 여행지 이야기를 들으면서 눈빛을 반짝이는 그들을 보니 씩씩한 장병이라기보다는 꿈 많은 젊은 청춘이었다. 이들이 도서관에 있는 동안은 앞으로 다가올 인생과 미래에 대해 계속 꿈을 꿀 수 있기를 바란다.

"우리는 모두 완성되지 않은 한 권의 책이다."

—소피 카사뉴 브루케

문화를
짓다

+ **공간기획자** 정이삭

정이삭은 서울시립대학교와 한국예술종합학교에서 건축 설계와 도시 디자인을 공부했으며, 2013년부터 에이코랩(a.co.lab) 건축 대표로 있다. 그는 건축 및 도시 디자인 실무 외에 연구기관 및 미술기획 사무소에서 근무한 바 있다. 2008년부터 2011년까지 해병대 시설장교를 지내면서 백령도에서 근무하기도 했다. 그는 특히 남북한 접경 지역에 관심이 많은 사람이다. 2013년 철원 양지리 선전마을 민북가옥 리노베이션 프로젝트에서 쌓은 노하우를 바탕으로 이번 연평도서관을 설계했다.

+ **문화기획자** 이기섭

이기섭은 홍대 앞 동네 서점 땡스북스의 대표다. 땡스북스는 홍대 앞의 독특한 문화를 기반으로 책 판매를 포함해 전시, 세미나 개최도 함께 하는 복합 문화공간이다. 그는 홍익대학교 섬유미술과를 졸업하고, 홍디자인 그래픽 디자이너로 일했다. 대학 때 미술대학 학술지의 편집장을 맡으며 책 만드는 재미에 푹 빠진 뒤로 2011년 땡스북스를 오픈하여 이를 책 판매만 하는 서점이 아니라 디자인 프로젝트, 브랜딩까지 동시에 진행하는 일종의 '큐레이션 서점'이자 문화공간으로 성장시켰다. 현재 시각 디자인 그룹 진달래 회원이며 서울여자대학교 겸임교수다.

기억할 만한
이름을 짓다

박성진

고백하자면 나는 사내들만 가득한 제26기계화보병사단이나 그곳의 낡은 다목적홀이 그다지 궁금하지 않았다. 그럼에도 불구하고 선뜻 자임해 이 프로젝트에 대한 글을 써보겠다고 한 이유의 8할은 이곳 공간기획자 조성익 때문이다. 내가 알던 건축가 조성익과 26사단의 예측불허 궁합에 구미가 당겼던 것이다. 서울대학교 건축학과와 대학원을 졸업하고 예일 대학교에서 공부한 뒤 뉴욕의 설계사무소 SOM에서 일했던 그는 보수의 냄새를 펄펄 풍기는 점잖은 정통파처럼 보이지만, 한편으로 늘 일탈을 꿈꾸는 건축가였다. 연말 파티에서 앙증맞고 섹시한 토끼 머리띠를 뒤집어쓰고 손님을 맞이하는 서울대 출신 건축가가 어디 흔하겠는가. 그는 그동안 엘리트주의의 관습에서 벗어난 행보를 보여왔다. 'TRU건축'이라는 그의 사무소명도 왠지 현학적인 의미가 숨겨진 듯 보이지만 이 이름은 '두 마리 토끼의 연합Two Rabbits United'이라는 다소 황당한 뜻이다. 그래서 나는 건축가로서의 그의 이런 기지가 경직된 군부대 공간에 어떤 변화를 불러올지 자못 궁금했다. 서교동에 살던 두 마리의 토끼가 26사단 불곡산에 들어갔으니 토끼굴이라도 파고 돌아와야 할 판이었다.

하이 코미디와 슬랩스틱 코미디

'불무리 펜타곤', 처음에는 뭔가 썩 어울리지 않는 두 단어가 얼렁뚱땅 버무려진 어감이었다. 햄버거에 양상추 대신 김치를, 케첩 대신 고추장을 넣은 느낌이라고나 할까? '불무리'라는 뜻 모를 토속적 어감의 고유명사와 미국 국방부 건물을 지칭하는 '펜타곤'이라는 고유명사가 결합해 아주 짜임새 있는 촌극을 이룬 것 같았다. 불무리는 해무리와 달무리를 합친 표현이라는데, 왜 해와 달을 합쳐 불이라고 했는지…… 이런 상황 뒤에 외국어까지 달라붙어 언어적 희극이 연출되었다. 그리고 그 희극

문화를
짓다

이 군부대 안에서 일어나고 있다는 사실이 상황을 더욱 극적으로 몰아갔다. 26사단의 오래된 다목적홀을 공간 조성하는 이번 프로젝트에서 이처럼 가장 먼저 눈에 들어온 것은, 조형이나 공간이 아니라 바로 언어였다.

이 프로젝트는 단순히 쓸모없는 공간을 고쳐준 게 아니라 그것에 아이덴티티를 부여하고, 요즘 말로 네이밍과 브랜딩으로까지 끌고 간 것이다. 26사단 양병희 사단장도 입에 착 달라붙는 이 이름을 화통하게 마음에 들어했고, 이 때문인지 몰라도 설계도 일사천리로 진행되었다. 급기야 공식적으로 이곳의 이름을 '불무리 펜타곤'으로 변경하고, 모든 공문서에 새 이름을 쓰도록 명령을 하달했다. 그런데 이곳에서 펜타곤의 출처는 미국 국방부에만 있지 않다. 이는 다목적홀의 특이한 오각형 평면 형태에서 비롯된 말이기도 하다. 건물의 성격과 형태에 대한 양의적 표현으로, 이 프로젝트는 이름 덕에 가벼움과 무거움의 공존, 토속과 외래의 병치, 유희와 과장이라는 재미있는 화법을 갖게 되었다.

하지만 이런 그의 논리와 언어유희가 모두에게 통한 건 아니었다. 부대에는 두 개의 세계가 존재한다. 젓가락을 쓸 수 있는 장교들의 세계와 포크로만 짬밥을 먹는 사병들의 세계. 비유하자면 하이 코미디에 가까운 건축가의 논리는 사단장 이하 장교들에게선 뜨거운 환영과 지지를 끌어냈지만 사병들과의 만남과 프레젠테이션에선 군부대 혹한기 훈련에서나 찾아올 극한의 냉탕 입

공간기획자 조성익 교수가 장병들에게 다목적홀
공간 조성에 대해 설명하고 있다. ©TRU건축

수를 경험하고 만다. 열렬한 환대와 박수 속에서 진행된 장교들의 발표회에 이어 사병들을 대상으로 한 발표회에서 난생 그렇게 무심하고 싸늘한 반응은 처음이었다고. 사병들에겐 어쩌면 하이 코미디보다 슬랩스틱 코미디가 더 잘 먹혔을지도 모른다.

극악무도 다목적홀 환골탈태

이렇게 시작해서 정리된 불무리 펜타곤은 이전 상황을 잘 모른다면 그다지 새로울 게 없는 평범한 공간처럼 보인다. 준공 막바지 내부 양쪽 벽면에 그려진 해무리와 달무리의 상징 벽화 말고는 특별하게 눈에 띄는 미적 요소가 없다. 다목적홀이 이렇게 단아하게 정리된 것은 아주 기본적인 여건부터 충실히 조성해야 한다는 조성익의 의지에서 비롯되었다. 그는 "문화와 디자인의 사각지대에서는 그 대상을 좀더 많이 고려해야 한다. 디자인에 대해 더 겸손해지고, 기획에 더 치밀해져야 한다"고 말한다.

1968년 사단 사령부 내 태권도장으로 건립된 이 건물은 2013년 다목적홀로 용도를 바꾸면서 무대와 좌석을 설치했다. 인근의 폐업한 영화관에서 좌석을 뜯어와 설치할 만큼 열성적이었지만 열악한 공간 환경 때문에 장병들에게 외면받았다. "한겨울에는 바깥보다 더 춥고, 한여름에는 바깥보다 더 덥고 숨이 막

혔다. 환기나 기본적인 냉난방이 전혀 이루어지지 않았다"는 장병들의 증언이 있었다. 영화를 상영해도 추위를 단단히 각오하고 오는 서너 명의 장병이 전부였고, 그들의 입에선 허연 입김이 새어나왔다. 조성익은 "기존 객석의 하부구조가 임시 가설대로 이루어져 매우 위험한 상태였고, 아주 기본적인 환기와 난방조차 안 돼 바깥보다 더 열악한 실내였다"고 당시 상황을 전하며 "건축가의 창작을 말하기에 앞서 우선 공간의 기본적인 기능이 수행될 수 있도록 다양한 노력을 기울여야 했다"고 말한다. 초기에 장교들의 환대와 사병들의 싸늘함 속에서 온탕과 냉탕을 오가야 했던 설계팀은 이 둘 사이의 분위기에 대류를 일으켜가며 덥지도 춥지도 않은 따스한 공간 만들기를 시도한다.

일단 문제시되었던 환기와 냉난방에 힘과 예산을 쏟고, 불안했던 객석 하부구조를 새롭게 보강하고, 중앙 통로 하나에 의존했던 피난 동선을 양옆으로 분리했다. 무대와 기타 공연 장비를 손본 것은 물론이다. 사실 이런 변화는 들인 품에 비해 밖으로 드러나는 변화가 크지 않다. '극악무도'라는 표현이 나올 정도로 처참했던 이전의 상황을 모른다면 이 같은 환골탈태의 변화가 대동소이하게 느껴질 뿐이다.

대부분의 군인은 아마도 부대 내 다목적홀을 지루한 안보 교육 장소로 여길 것이다. 정작 문화를 위해 다목적홀을 사용하는 일이 얼마나 될까? 상명하복과 단단한 통제로 체질 잡힌 군

문화를
짓다

01

01, 02
해무리와 달무리를 상징하는 벽화로 불무리
펜타곤을 장식하고 있는 장병.

02

01 양쪽 벽에 해무리와 달무리 벽화를 품고
   최종적으로 완성된 불무리 펜타곤의 내부.
02 불무리 펜타곤이라는 근사한 이름이 생긴
   다목적홀의 출입구.

부대에서 자유를 발아의 토양으로 삼는 문화가 자라나기엔 근본적인 한계가 있다. 하지만 26사단 장병들은 이제 불무리 펜타곤에서 축제를 준비하고, 매주 상영하는 영화를 아늑한 기분으로 즐길 수 있게 되었다. "처음 제가 입대했을 때 이곳은 어둡고 침침한 공간이었습니다. 이런 공간이 장병들의 참여로 다시 새롭고 밝게 조성되어 활발한 군 생활을 위한 문화공간으로 거듭났으니 앞으로 남은 군 생활도 더 잘할 수 있을 것 같습니다." 워크숍에 참여했던 사병들을 몇 명 만나 인터뷰를 나누어도 이런 틀에 박힌 얘기 말고는 새로운 무언가가 잘 나오지 않았지만, 그들은 한결같이 소중한 공간이 생겼다는 기쁨을 감추지 않았다.

실제로 불무리 펜타곤을 개관할 무렵, 크리스마스를 앞두고 장병들은 스스로 장병 종합예술제를 기획하고 일찌감치 홍보 전단을 부대에 돌리며 분주히 움직였다. 사단장은 "이 공간을 통해 병사들은 좀더 긍정적인 군 생활을 할 수 있게 되었다. 밖이 아니라 군대에 있을 때 이렇게 좋은 문화공간을 접하게 되어 더욱 의미 있다"고 말했다.

불무리팔경의 진면목, 네 마음속에 있다

사실 이런 의미 부여와 유희적 접근은 이 프로젝트의 전반을 관통하는 중요한 뼈대를 이룬다. 불무리 펜타곤이란 이름이 그렇고, 그와 함께 진행된 '불무리팔경' 속 밀리터리 벤치 프로젝트가 그렇다. 그리고 그들이 말하는 낯선 이름, 불무리팔경에는 연원이 있다.

이 부대에 도착해서 받은 첫인상은 양주 시내와 멀지 않은데 좋은 풍광과 산세를 끼고 있다는 느낌이었다. 그런데 이곳에 관동팔경을 떠올리게 하는 불무리팔경이 있다는 설명을 듣고 내심 오랜 군사보호구역 안에 감춰진 경이로운 야생과 자연을 기대했다. 그런데 웬걸. 불무리팔경이란 다목적홀 주변에 있는 아주 소소한 개천과 지형에 그들 식으로 이름을 붙인 것이었다. 나는 황급히 졸아든 기대감을 애써 수습하면서 잠시 다른 생각 속으로 빠져들었다.

풍경은 자연 그대로의 모습을 지칭하지 않는다. 그곳에 사람들의 시점이 개입되고 구체적인 사건과 행위가 중첩되며 기억이 더해졌을 때 풍경이 생겨난다. 그래서 이는 심상의 차원이다. "풍경은 객관적인 존재가 아닌 대지에 대해 사람들이 품고 있는 주관적인 표상을 가리킨다. 좀더 정확하게 말하면 객관적인 존재와 인간의 심리가 만나는 곳에서 생겨나는 일종의 수수께끼다." 『풍경의 쾌락』에 나오는 풍경학자 나카무라 요시오의 이 말을 빌려 설명하자면 불무리 펜타곤과 밀리터리 벤치가 바로 이 '객관적인 존재와 인간의 심리가 만나는' 장소의 공간적 환경을

문화를
짓다

만드는 작업이었다. 민간인에겐 보잘것없는 불무리팔경이더라도 장병들에겐 이곳의 기억과 시간들이 묻은 소중한 심상의 세계였다. 말하자면 그들은 건축가 조성익이 불무리 펜타곤이라는 이름을 듣고 오기 전부터 이미 장소 브랜딩에 흥미를 보이며 노력할 준비가 되어 있었던 셈이다. 21개월 동안 먹고, 자고, 싸고, 뒹굴고, 뛰어다니며 인생 어느 곳 어느 때보다 압축적인 경험을 하는 군대야말로 시간적 거리 두기를 통한 풍경화가 가능한 곳이었다.

언어에 고착된 풍경의 이미지는 마치 홍보전단처럼 주변에 유통된다. 소상팔경, 관동팔경처럼 한 지역의 근사한 경치 여덟 개를 선정하고, 그 풍경의 아름다움을 노래하는 이른바 팔경식 풍경 감상법이 전국 명소를 거쳐 26사단까지 스며든 것이다. "거제 해금강의 절경은 유람선 선장의 입 끝에서 태어난다"는 말처럼 불무리팔경이 아니었다면 장소에 심상의 이미지를 만들어내겠다는 건축가의 의지도 무효했을 것이다. 밀리터리 벤치 프로젝트는 그래서 이런 풍경에 생기를 더하는 화룡점정의 묘수가 되어야 했다.

밀리터리 벤치라는 새 장르를 열다

조성익은 불무리 펜타곤에서 어깨에 힘을 빼고 장병들과 소통하며 기본적인 공간 정비에 나섰다. 그리고 밀리터리 벤치 프로젝트를 통해 불무리 펜타곤에서 다 드러내지 못했던 그의 기획력을 발휘했다. 타스 그룹, 하이브로우, 아티작, 조기상이라는 네 곳의 가구공방과 함께했다. 프로젝트의 목표는 군대라는 경직된 공간에 위트와 개성을 더하자는 것이었다. 소통의 부재로 말미암은 최근 군부대 사건사고와 해묵은 문제에 대한 디자이너로서의 해답이었다. 살인과 자살, 구타 등이 밀폐된 공간 속에서 소통이 제대로 이뤄지지 못해 일어나는 문제라는 걸 이해하고 열린 공간에서 좀더 잘 소통하고 대화해보자는 의미였다. 저마다 불무리팔경 중 한 곳을 찾아 풍요로운 자연을 벗삼아 이야기를 나눌 수 있는 벤치를 제작, 설치했다.

그 가운데 가장 눈에 띄는 것은 우유 배달용 상자를 이용해서 만든 하이브로우의 테이블과 의자였다. 우리 주변에서 흔히 볼 수 있는 상자를 수납 공간과 구조체로 이용하면서 야외 활동에 적합한 벤치로 만들었다. 오각형 테이블과 벤치 상판에는 자작나무 합판을 얹고, 헐크·아이언맨 같은 히어로를 그림으로 그렸다. 무엇보다 이 벤치의 장점은 해체와 조립이 쉬워 어디로든 옮겨 설치할 수 있다는 것. TRU건축의 벤치는 오각형 윤곽은

문화를
짓다

01 밀리터리 벤치 프로젝트의 가구 워크숍.
02 벤치를 장병들과 함께 설치하고 있다.
03 우유 배달용 상자를 이용한 하이브로우의
   밀리터리 벤치. 우유 배달용 상자는 수납
   공간이 되면서 이동식 의자가 된다.
04 장병들과 직원들이 함께 벤치를 제작중이다.

아니지만 중심에서 방사형으로 다섯 개의 벤치가 뻗어나온 형상이었다. 여기에 철물을 하나도 사용하지 않고 모든 부재를 정밀하게 모듈화해 가구식 구조로 제작했다. 그리고 스테인리스스틸로 이루어진 평범한 직육면체 덩어리는 주변을 반사해 자신의 존재를 감추는 은폐, 엄폐의 해학을 가졌다. 이곳에 앉아 있는 장병을 멀리서 보면 말 그대로 투명의자에라도 앉아 있는 듯 얼차려를 받는 것처럼 오해하기 십상이었다. 그 밖에 장병들이 전역 전에 이름을 새길 수 있도록 제작한 타스 그룹의 내후성강판 벤치, 유연한 곡선으로 다섯 등분된 의자 등은 불무리 펜타곤 주변으로 새로운 풍경들을 만들었다. 조립식 벤치, 유머러스한 벤치, 현상학적 벤치, DIY형 자연친화적 벤치, 오브제적 벤치, 유기적 벤치 등이 무미건조한 부대 환경에 각양각색의 위트를 던졌다.

밀리터리 벤치 프로젝트는 장병들과의 워크숍으로 진행했다. 물론 그 디자인까지 함께 고민했더라면 좋았을 테지만, 그게 아니더라도 다섯 가구쟁이의 디자인을 이해하고, 닦고 조이고 기름 치는 데 일가견이 있는 장병들과 함께하면서 호응을 얻었다. 개관일에는 일찌감치 아침식사를 마친 장병들이 오전 8시부터 가구 제작 워크숍에 돌입했다. 장병들의 거친 손길을 디자이너들이 교정하며 가구 제작이라는 세밀한 작업을 이어나갔다.

프로젝트가 끝나던 날은 눈이 펄펄 내리는 겨울이라 아쉽게도 밀리터리 벤치의 진면목과 쓰임새를 직접 볼 수 없었지만 새하얀 눈밭 아래 감춰진 짙은 녹음을 상상해가며 벤치에 앉아 햇살을 맞이할 그들의 화목한 봄날을 그려볼 수 있었다. 서로 다른 다섯 가지 벤치가 효율과 기능을 중시하는 군부대에서 장병들의 참여와 워크숍을 통해 만들어지고, 다시 그들의 소통과 관계 형성에 기여하며, 먼 훗날에는 이곳의 풍경 중 하나로 자리잡을 것이다. 부족한 3경에 벤치를 채우는 일은 이제 26사단과 장병들의 몫으로 남겨졌다.

닫혔던 공간을 열어 문화를 심다

현장에서 장병들과 직접 대화도 나누고, 방송국과 진행한 인터뷰도 지켜보았다. 그런데 마치 각본이라도 있는 것처럼 그들의 인터뷰는 늘 고만고만한 말들로 채워졌다. 공간의 쓰임새가 나아졌다, 그래서 유익한 시간이었다는 등의 다소 형식적인 답변이 주를 이루었다. 하지만 카메라가 꺼지고 마이크를 내리자 망치질 소리 사이사이로 묻혀 있던 작은 이야기들이 귀에 들리기 시작했다. 연신 망치질을 하면서도 디자이너와 카메라 앞에서는 하지 않던 이야기를 두런두런 주고받았다. 이 프로젝트와 무관한 진로 상담부터 학창시절 이야기, 연애 상담까지, 망치를 두들겨가며 만드는 것은 비단 벤치만이 아니었다. 망치질을 하는 시간에 그들 사이의 관계까지 단단하게 못질하며 다져가고 있었다. 정오가 되자 아침을 건너뛴 내 허기가 치밀어 오랜만에 먹을 짬밥을 잔뜩 기대하고 있었는데, 어찌 된 영문인지 장병들이 간단하게 빵과 음료로 점심을 대신하고 계속 작업에 열을 올렸다. 덕분에 나는 그날 저녁까지 굶고 말았지만 그것은 자신들의 결과물을 완성하고 싶다는 의지의 표명이었다.

조성익은 이번 프로젝트에서 멋진 예술작품을 만들려 하지 않았다. 별로 대수롭지 않은 소소한 자연에 불무리팔경이라는 의미를 담은 것처럼, 별 특징 없이 방치되던 공간과 주변의 일상과 자연에 새로운 의미와 이름을 부여했을 따름이다. 그것은 결국 사회와 군부대, 그리고 장병들 사이의 소통을 도모하는 과정이다. 그래서 그는 이 프로젝트가 군부대의 폐쇄적인 문화를 열어갈 수 있는 하나의 운동성을 갖길 바란다.

앞에서 불무리 펜타곤을 김치를 품은 햄버거에 비유했는데, 이 조합이 누구도 예상치 못한 근사한 맛을 낼 수도 있다. 항상 새로운 맛과 문화는 이렇게 다른 것이 섞이면서 만들어지고 풍요로워진다. 우리가 아는 음식과 문화의 절반은 언제나 이렇게 탄생되었을 것이다.

문화를
짓다

+ 공간기획자 조성익

조성익은 홍익대학교 건축대학 교수이자 TRU 건축사사무소의 대표다. 뉴욕의 설계사무소 SOM에서 초고층 건물 및 오피스 건물을 설계했고, 지금은 도시와 건축에 대한 다양한 주제를 탐구하고 있다. '진천 벚꽃집' '이지하우스'와 같은 두 마리의 토끼가 살 법한 아기자기한 주택을 설계했다. 서교동 골목길에 위치한 사무실에 문화와 공간을 탐구중인 젊은 아티스트들과 기획자들을 초대해 함께 이야기하는 자리를 이어가고 있다.

+ 문화기획자 박진명

박진명은 TAAS의 대표이자 디자인호텔 엘리펀트샤워의 공동대표다. 가구와 인테리어, 건축 분야를 전천후로 오가며 섬세한 감각으로 공간을 채워나간다. 디자인호텔과 고급빌라, 협소주택 등 다양한 프로젝트를 진행했으며, 이상적이고 유쾌한 콘셉트를 현실화시키는 작업에 보람을 느끼는 디자이너다. 홍익대학교 건축대학을 졸업한 그는 현재 모교에 출강 중이다.

젊은 날의 무대

심미선

　구정 연휴 직전 금요일, 경기도 포천과 강원도 철원 경계에 있는 제6보병사단으로 향했다. 내가 군부대를, 그것도 군부대에서 하는 공연을 보러 갈 줄은 상상도 못했다. 군대를 소재로 하는 예능 프로그램에도 그리 눈길이 가지 않았던 나다. 취재를 위해 자료를 수집할 때도 어휘 자체가 생경해서 애를 먹었다. 도대체 군 계급은 몇 단계며 명칭은 뭔지, 소대와 중대와 대대는 어떻게 구성되는지, 심지어 요즘 군대 복무 기간이 몇 개월인지도 가물가물했다. 최근 군대 총기사고 등 심각한 사건사고가 언론에서 크게 다뤄졌음에도 나는 그렇게 무심했다.

대한민국의 20대 여성이 군대와 깊은 연을 맺게 되는 계기는 아마도 남자친구의 입대일 것이다. '곰신'들은 사랑하는 '군화'가 힘들게 훈련할 모습을 상상하며 손난로나 초콜릿, 로션 등을 바리바리 챙겨 소포로 보낸다. 그러나 나는 그런 경험조차 없었다. 그 대신 기다림에 지친 곰신들이 군화짝을 내치는, 혹은 그 반대 상황을 종종 목격할 뿐이었다.

그러던 2009년 가을, 남동생이 입대하고 나서야 군의 존재를 실감할 수 있었다. 훈련소 입소 때 입었던 옷가지가 종이상자에 담겨 집으로 돌아왔고, 자대 배치를 받은 뒤에는 그 못생긴 글씨로 꾹꾹 눌러쓴 편지가 종종 날아왔다. 어쩌다 면회를 가면 까까머리 동생은 완벽한 군인으로 프로그래밍되어 면회소 안에서도 각을 잡고 앉았다. 그야말로 인간 개조를 목격한 기분이었다. 군대라는 시스템이 얼마나 견고한지 알 수 있었다.

군에 대해서는 완전 백지 상태라는 것을 확인하곤 초조해하고 있는데 어느새 사단 안내판과 마주했다. 방문하겠다고 사단에 미리 알렸음에도 부대에 들어서자마자 신분증을 맡기고 방문자 이름표를 받아야 했다. 살짝 긴장되기 시작했다. 행정 절차를 기다리며 바라본 김종오장군관 마당에는 군 수송 트럭들이 노란 먼지를 뽀얗게 일으키며 오가고 있었다. 한 대씩 올 때마다 열댓 명이 우르르 내려 열을 맞춰 섰고, 그대로 장군관 안으로

문화를
짓다

들어갔다. 군복의 카무플라주 패턴이 일으키는 어리어리한 시각 효과에 무리는 두 배 세 배로 많아 보였다. 약간 과장을 보태면 마치 전쟁 영화의 한 장면처럼 느껴졌다. 이렇게 많은 군인을 직접 본 것은 처음이었기 때문이다.

무너진 무대와 흩어지는 음향, 줄줄 새는 빗물

7개월간의 '문화로 행복한 공간 만들기' 대장정을 마무리 짓는 파일럿 프로그램 실행을 30분 앞두고 김종오장군관 안에는 600여 명의 군인이 840제곱미터 규모의 실내를 우글우글 메우고 있었다. 대부분 어리바리한 표정으로 바닥에 깔린 의자에 차례로 앉았다. 그중 몇몇 예민한 병사들은 두리번거리며 "벽에 나무를 붙였어" "어, 이제 빛이 안 들어오네?" 하며 예전과 무언가 달라졌다는 것을 감지했다. 나도 덩달아 시선을 바삐 움직였다. 쓸고 닦아 광을 낸 건축적 스펙터클에 익숙한 나로서는, 김종오장군관이 포마드 기름으로 머리를 쓸어넘기고 잔뜩 풀을 먹인 제복을 입고 환영 인사를 건네길 기대했는지도 모른다. 게다가 한국군 역사에 길이 남은 1952년 백마고지 전투의 지휘자 김종오 장군을 기리는 기념관이라고 하니 기대가 더욱 컸다. 하지만 처음 내 눈에 들어온 김종오장군관은 제대로 다리지도 못한

셔츠 단추를 급히 잠그고 있는 듯한 모습이었다. 그래서 더 천천히 세심하게 둘러보게 되었다. 이 일이 결코 볼거리를 던져주는, 과시적인 프로젝트가 아니라는 것을 다시금 마음에 새기면서.

하지만 내가 만일 건축가 노은주, 임형남의 손길이 닿기 전의 김종오장군관을 두 눈으로 보았다면, '그래도 이제 셔츠는 입었구나' 하는 안도감을 느꼈을지도 모르겠다. 그들이 처음 이곳을 찾았을 때, 지은 지 24년이 지난 기념관의 출입구 캐노피는 부서져 있고, 화장실은 당연히 남자 화장실뿐이었으며, 무대는 주저앉은 채 비가 오면 새고, 단열은 거의 되어 있지 않은 데다가 차가운 시멘트 바닥은 소리를 모두 반사해버렸다. 물론 무대를 비추는 조명도 없었다. 한마디로 공연장으로 쓰기에는 헐벗은 상태와 다름없었다.

그래도 제6보병사단은 김종오장군관을 공연장이자 영화관으로 탈바꿈시켜 군인들이 스스로 마련한 콘텐츠를 선보이는 공간으로 운영하겠다는 야심찬 포부를 내걸었다. 사단 군악대를 비롯해 공연기획이나 뮤지컬을 배우는 장병들이 무대에 오를 수 있는 공간을 만들어주고 싶다는 것이었다. 또 지역에서 부족한 문화공연 등을 유치해 사회와 소통할 수 있는 매개를 마련하자는 것이 하나의 목표였다.

처참한 환경을 목도한 건축가들은 고민이 깊었다. 장병들은 "영화를 볼 때 뒤에 앉으면 소리가 너무 울리고 전혀 안 들려

문화를
짓다

01 공간 조성 후, 입구에서 무대를 바라본 모습.
바닥 마루와 실내를 두르고 있는 루버가 보인다.
루버는 소리의 반사를 막고 흡음재 역할을 한다.
02 초대 가수의 열정적인 공연에 장병들이
군 생활의 피로를 풀고 즐거운 시간을 보내고
있다.

요”“무대 조명이 없어서 앞자리에 앉은 장병들이 손전등으로 무대를 비추면서 공연을 해야 했어요”라며 경험담을 늘어놓았다. 공간을 완벽히 바꾸자면 끝도 없는 일이어서 공간 활용 목적에 맞춰 빛과 소리에 집중했다.

하지만 규모에 비해 턱없이 부족한 예산이 발목을 잡았다. 결국 가장 필수적인 무대를 보수하고, 무대 조명을 최소한으로 설치했다. 벽면에 루버(louver. 가느다란 널빤지로 빗대는 창살)를 덧대고(그것도 벽면을 모두 덮는다는 초기 계획은 실행하기 어려워 벽면 중 3분의 1만 가릴 수 있었다) 바닥에 마루를 깔아 소리를 잡았다. 특히 무대를 제외한 500제곱미터의 바닥을 덮기 위한 마감재는 건축가와 인연 있는 기업에서 기부를 받아 해결했다.

완성된 공간만 보면 일견 합리적이고 수월하게 진행되었을 것만 같다. 하지만 사연 없는 프로젝트가 있을까. 사실 이 계획들은 수정에 수정을, 축소에 축소를 거듭해야만 했다. 프로젝트를 진행하는 동안 군부대의 간부가 교체되어 시작할 때 약속했던 지원이나 사안 중 많은 부분이 다음을 기약해야 하는 상황이었다. 지역에 개방할 정도의 공연장이 되려면 천장의 조명이나 대기실, 화장실 등 손봐야 할 곳이 많았다.

하지만 첫술에 배부르랴. 함성호는 오히려 이런 상황이 더 큰 의미를 줄 수도 있다고 말한다. “조금씩 채워가고 만들어가는 것이 더 중요하다”는 것이다. 그 말에 무릎을 탁 쳤다. 그래, 건

문화를
짓다

문화기획자 함성호는 워크숍을 통해 공간 활용에 지속성을 갖게 하는 것이 무엇일지 장병들과 이야기를 나누었다.

물을 번지르르하게 한번 고쳐주고 마는 것이 아니라 꾸준히 관리하고 보수해서 공간 활용에 지속성을 갖게 하는 것이 가장 중요한 포인트다. 그리고 이런 생각들은 그의 파일럿 프로그램 기획에도 투영되었다.

군부대 공연의 편견을 없애주마

군대에서 공연한다고 했을 때 내 머릿속에 떠오른 것이라고는 소위 '군통령'이라 불리는 여자 아이돌 가수의 위문공연이 전부였다. 국방홍보원에서 운영하는 〈위문열차〉 공연에서도 매번 다양한 장르의 프로그램을 준비하지만, 귀여운(혹은 섹시한) 여가수들의 퍼포먼스는 필수 요소다. 반복되는 훈련과 틀에 박힌 일상에 지친 장병들을 달래주는, 짧은 치마에 긴 생머리, 젊음을 뽐내는 그녀들의 몸짓이야말로 가장 효과적인 이벤트 아닌가? 하지만 오늘 공연 순서를 듣고서는 한숨부터 나왔다. 클래식으로 시작해 퓨전 국악, 재능 병사의 비보잉과 연주, 전자 바이올린, 재즈 브라스 밴드까지, 일부러 찾아가서 듣지 않으면 쉽게 접하기 어려운 장르들만 고루 모아놓았다. 사실 공연 당일은 장병들이 군에서 가장 힘들다는 혹한기 훈련을 마치고 돌아온 다음 날이었다. 걸그룹도 없는데 다들 앉아서 졸지 않을까 불안하고 초조했다.

사실 공연이라는 것이 아무리 좋아하는 가수나 퍼포머가 등장한다 해도 기획력이 부족하면 지루해지기 십상이다. 나는 음악에 조예가 깊진 않지만 최소한 계절이 바뀔 때마다 한 번씩은 클래식, 팝, 록, 재즈, R&B 등 장르를 막론하고 공연을 보러 가는 편인데, 그 이유는 음악뿐만 아니라 풍부한 볼거리, 쇼를 즐기기 위해서다. 그런데 한번은 대한민국 대표 보컬로 불리는 어느 가수의 공연을 보러 갔는데, 처음에는 마음을 울리는 음색과 공연장이 떠나갈 듯 폭발적인 가창력에 두 눈에서 하트를 발

홍대 재즈 브라스 밴드 무드살롱의 공연. 장병들을 무대
위로 끌어올려 함께 춤을 추며 신나게 놀았다.

사하며 경청했지만 공연이 진행될수록 CD를 그대로 틀어놓은 듯한 레퍼토리에, 말주변이 지독히도 없는 아티스트와 두 시간을 보내느라 나중에는 지루함마저 느꼈다. 하필 늦가을 노천극장에서 진행된 공연인 터라, 같이 간 친구는 엉덩이가 아프다며 칭얼댔고 나는 달달 떨며 코를 훌쩍였다. 공연이 끝난 뒤 앞으로 그들의 음악은 스트리밍 서비스로 듣기로 마음먹었다.

함성호와 함께 공연기획을 맡은 장성영 에이트스프링스 팀장은 "함께 일하는 남자 직원이 '처음부터 끝까지 혼을 빼놓는 섹시한 공연이 최고'라더라. 그래서 처음에는 정말 그렇게 구성할까 진지하게 고민하기도 했다. 하지만 앞으로 김종오장군관을 지속적으로 사용해야 할 병사들에게 여러 가지 다양한 활동의 표본을 보여주려면, 다양한 음악적 즐거움을 주어야겠다고 마음먹었다"고 말했다. 이 공연이 한 번에 그치지 않고 앞으로 만들어갈 총체극, 동아리 발표회 등을 다양하게 활용하는 표본이 될 수 있기 때문에, 누군가를 내세우기보다 공연 자체로 흥미를 유발할 수 있는 기획으로 밀어붙였다. 함성호는 고전과 현대, 동양과 서양, 경계를 무너뜨리는 '혼종된 음악'으로 문화적 충격을 받을 수 있는, 그리고 그것에 몸을 맡기는 경험을 할 수 있는 기획에 초점을 맞췄다.

첫 순서는 대학생연합오케스트라의 클래식 공연이었다. 전공으로 음악을 공부하는 게 아니라 취미로 클래식을 연주하는

문화를
짓다

또래들의 등장에 청중은 집중하기 시작했다. 이들은 애니메이션 영화 〈겨울왕국〉의 주제가 〈렛잇고Let it Go〉를 편곡해 연주하기도 했다. 여기저기서 "렛잇고~ 렛잇고~" 하는 굵고 낮은 군인들의 목소리가 들려왔다. 공연을 마치며 단장이 "걸그룹이 아니라서 죄송합니다"라고 하자 좌중은 폭소했다. 연주자들 역시 그들의 취향을 걱정하고 있었던 것이다. 하지만 기우였다 싶을 만큼 장병들의 집중력이 대단했다.

그리고 새로운 음악적 경험을 선사하기 위해 무대에 선 CMB567은 국악기와 서양악기를 조합한 전위적인 음악을 준비했다. 이번 순서가 가장 고비라고 생각했는데 익숙한 듯 낯선 연주곡에 다들 넋을 놓았다. 정말로 넋이 나간 장병도 몇 명 있었다. 곳곳에서 고개를 떨구고 옆사람에게 머리를 기대는 장병들도 있었지만 공연이 끝난 뒤 가장 좋았던 공연으로 이 순서를 꼽은 장병이 꽤 많았다. "평상시에 접하지 못하던 국악을 듣고 우리 문화의 색다른 점을 새삼 깨달을 수 있는 기회였다"는 평이 이어졌다.

청중을 들썩이게 하기 위한, 기승전결의 '전'에 해당하는 무대, 비보잉과 섹시한 전자 바이올린 공연은 김종오장군관을 후끈 달아오르게 만들었다. 전자 바이올리니스트 하림은 온몸에 달라붙는 찢어진 드레스를 입고 무대에서 파워풀한 연주를 보여주었다. 그야말로 멋진 누나의 박력 있는 연주는 뭇 남성들을 압

김종오장군관의 새 단장으로 문화예술에 목말라
있던 장병들의 갈증을 해소해줄 수 있었다.

도했다.

그리고 마지막으로 무대에 오른 무드살롱은 홍대 재즈 브라스 밴드의 자유분방함을 그대로 옮겨왔다. 브라스는 군대와 밀접한 악기다. 행진을 연상케 하는 브라스 음악은 심장을 뛰게 한다. 군악대에서도 사용하는 악기라서 군인들에게는 익숙하고 친근하다. 무드살롱의 군필자들은 '그래 형만 믿고 따라와, 같이 놀자!'라는 듯, 앞줄에 앉은 장병들을 무대로 끌어올려 율동을 가르쳐주며 함께 신나게 뛰어놀았다.

나조차 취재를 온 건지 놀러 온 건지 분간이 안 될 정도로 신나게 즐겼다. 사실 이 모든 것은 기승전결의 묘미였다.

걸그룹이 아니어도 괜찮아?!

공연이 끝난 뒤, 장병들은 일사불란하게 의자와 장비를 치웠다. 그 모습을 보고 여기가 군부대라는 것을 새삼 느꼈다. 장병들은 공연의 여운이 진하게 남았는지 군 수송차량에 오르는 길에 계속 꾸물대며 "이제 이런 공연 많이 해주세요!" 하고 간부들에게 애교를 부렸다.

문화와 예술은 군대마저 바꾼다. 제6보병사단이 이것을 실감한 것은 2013년 가을이었다. 그때 사단에 있는 김종오장군관

문화를
짓다

과 철원체육관을 오가며 여러 가지 문화행사를 치르는 과정에서 문화예술 활동이 군대 분위기를 긍정적으로 바꿀 수 있다는 것을 체험했다. 그런데 변변찮은 시설 때문에 공연을 올리는 데 어려움이 많았다. 손주희 대위는 "병사들이 연습이나 공연을 할 수 있는 마땅한 장소가 없어 일고여덟 번 정도 철원체육관을 빌려야 했는데, 그러자니 일정을 짜기도 힘들고, 여러모로 너무 복잡했다"며 "이제 마음 놓고 아무 때나 공연할 수 있는 공간을 갖게 되어 기쁘다"고 말했다.

최근 군대에서는 엄격한 군대 문화에 적응하기 어려워하는 젊은 병사들이 주말 시간을 자기 계발이나 취미 생활에 투자할 수 있도록 배려하고, 군대에서도 동아리 활동을 장려하고 있다. 제6보병사단 군인들은 어떻게 지내는지 궁금해서 한 장병에게 "군에도 동아리가 있다던데, 어디에 가입했어요?" 하고 무턱대고 물었더니 "저희는 아직 동아리를 해보자는 실행 계획만 세우고 있습니다"라는 답변이 돌아왔다. 고개를 갸우뚱하자 옆에 있던 대위가 "장병이 소속된 부대 여건이나 개인의 보직에 따라 천차만별이에요"라고 보충설명을 해주었다. 군대는 군대였다. 군대 안에서 자발적으로 프로그램을 짜거나 준비하려면 군대 내부 역량만으로는 힘든 경우가 많다. 그래서 외부 아티스트들의 협력이 필요하다. 장성영 팀장은 이번 공연에 참여할 사람을 섭외하면서 행사의 취지와 내용, 그리고 공연장의 열악한 여건을 설명했는데 "정말 의미 있는 일이네요, 함께하고 싶습니다"라고 답하는 아티스트를 우선으로 선정했다고 한다. 그렇기 때문에 현장에서 그토록 폭발적인 에너지를 내뿜었던 것이다.

손주희 대위는 이렇게 말했다. "가장 중요한 건 이번에 히트 친 무드살롱처럼 함께하는 거예요. 함께 몸을 흔들다보면 군대 안에 있다는 것도 잠시 잊고 자유를 느끼게 되잖아요. 다른 경험을 했다는 기분도 들고. 병사들이 행복하다면 저는 무엇을 하건 당연히 좋죠." 함께 이야기를 나눈 장병들에게 "그래도 걸그룹이 좋죠?" 짓궂게 한마디 던지니, 씨익 웃었다. 그 모습에 다 함께 크게 웃었다.

+ **공간기획자** 노은주, 임형남

노은주와 임형남은 부부 건축가로, 1999년부터 함께 가온건축을 운영하고 있다. 금산주택, 루치아의 뜰, 신진말빌딩, 존경과 행복의 집, 적십자 시리어스 리퀘스트, 유니세프 아동·청소년 친화공간 등의 프로젝트를 수행했다. 2011년 금산주택으로 한국공간디자인대상의 대상을, 2012년 한국건축가협회 아천상을 수상했다. 두 사람은 세계일보, 조선일보 등에 건축 칼럼을 연재중인 건축계에서 손꼽히는 스토리텔러로, 『서울풍경화첩』 『이야기로 집을 짓다』 『나무처럼 자라는 집』 『작은 집, 큰 생각』 『사람을 살리는 집』 등 9권의 책을 출판했다.

+ **문화기획자** 함성호

함성호는 건축을 공부한 시인이다. 대학에서 건축을 공부한 뒤, 시와 비평으로 건축을 말한다. 1990년 『문학과 사회』 여름호에 시를 발표하며 등단했고, 1991년 공간건축평론 신인상을 받았다. 저서로는 『철학으로 읽는 옛집』 『당신을 위해 지은 집』 『건축의 스트레스』 『반하는 건축』 등이 있다. 제6보병사단에서는 장병들과의 밀도 높은 대화를 통해 군에서 꾸려나가야 할 공연기획의 밑그림을 그렸다. 그는 날카로운 눈빛으로 호기심을 좇는 시인이다.

3부 가족 탄생

함께할 이유,
홀로 있을 자유

박성진

그들의 얼굴과 표정을 가만히 들여다본 적 있는가? 그 가늘고 깊은 눈망울은 언제나 파릇한 호기심과 반가움으로 일렁거린다. 살며시 벌어진 두 입술 사이로 끝없이 새어나오는 헤픈 미소. 그 표정에서 체면과 격식 따위는 이미 거추장스럽다. 어딘가 부족한 듯 닮아 보이는 얼굴들을 서로 마주하면서 뭐가 그리 좋은지 연신 걸쭉한 웃음을 주고받는 그들. 연인도, 가족도 아니면서 손을 꼭 맞잡고 다니는 이들의 얼굴엔 '순수'라는 두 글자가 그려진다.

그들을 어떻게 부르십니까?

구세군군산목양원을 방문해 내가 제일 처음 맞닥뜨린 곤란함은 그들을 부르는 호칭 문제였다. 병리학적으로는 '성장발달장애인' 혹은 '지적장애인'이고, 이중 일부는 '자폐인'으로 분류된다. 예전에는 이들은 낮잡아 '정신지체인'이라 부른 적이 있고, 반대로 요즘엔 친근하게 부른답시고 사전에도 없는 '장애우'라는 말이 느닷없이 등장해 번지기도 했다. 군산목양원의 서류상에는 '입주민' 혹은 '생활장애인'으로 기록되어 있다. 영어로는 'disabled person'으로 표현했으나 최근 긍정의 의미를 내포한 'challenged person'을 함께 사용하고 있다. 이렇게 다양한 표현을 두고 우물쭈물하던 내가 생각 없이 내뱉은 말은 그냥 '이용자'였다. 시설 이용자라는 애매모호한 말로 처음 그들과 나를 분리시키고, 무슨 호구조사 나온 사람처럼 그들을 가리켜 말했다.

"여기 이용자들이 몇 명이나 됩니까?"

"이용자들의 연령 분포는 어떻게 되죠?"

"이용자 숙소는 어디입니까?"

그러다가 그들을 집단수용시설의 수용자처럼 분류하는 내 어감에 내가 불편해 직원에게 솔직히 물었다. 도대체 여기 직원들은 이들을 어떻게 부르는지.

"가족이라 부릅니다. 제가 이곳에서 근무한 지 10년 됐는

문화를
짓다

10년의 인연은 이들을 직원과 원생이 아닌,
서로 믿어주고 챙겨주는 가족으로 만들어주었다.

데, 피를 나눈 가족보다 더 오랜 시간을 보내며 함께 생활하고 있으니 가족인 거죠. 이곳에 들어와서 생활하다 돌아가시는 분도 많습니다. 그때는 정말 제 부모형제를 잃었을 때와 감정이 다르지 않아요. 저도 사회복지를 전공했지만 처음 왔을 때는 지적장애인에 대한 거부감도 있고, 솔직히 겁도 났어요. 또한 감정기복이 심해 언제 돌발행동을 할지 몰라 걱정이 많았어요. 그런데 시간이 지나면서 그들도 우리와 똑같은 사람이라는 걸 알게 됐어요. 이곳에 무연고자가 17명 있는데, 그들에겐 이 세상에서 저희가 정말 유일한 가족인 거죠. 함께 식사하러 가시죠."

점심때가 되자 식당에 가족들이 모두 모였다. 밥알을 튀기며 부산하게 밥을 먹던 가족들은 직원들이 나타나자 매일 보는 얼굴임에도 격양된 표정과 목소리로 정겹게 이름을 부르며 손짓했다. 내가 품었던 어설픈 시선과 언어는 일종의 불안에서 비롯된 거였다. 불안이 나의 행동과 언어적 사고에서 그들을 멀찌감치 떨어뜨려놓았다. 이곳에서 가족은 피를 나눈 혈연관계를 넘어 정서적 생활공동체라는 개념으로 확대되어 있었다. 10년째 목양원에서 일한다는 차복만 과장은 "그들은 나의 형이나 부모가 될 수도 있고, 반대로 내가 그들의 부모가 될 수도 있습니다. 내가 그들을 도와줄 때도 있지만 정서적으로 우리는 서로 의지하며 살아가는 관계입니다"라고 말했다. 이곳을 '시설'로 보지 않고, 그들을 '이용자'로 보지 않을 때 비로소 군산목양원을 정

문화를
짓다

확히 이해할 수 있다. 이곳은 집이고, 그들은 가족이다.

장애인도 공간을 욕망한다

구세군군산목양원은 만 18~65세 1~3급 지적장애인들이 가족을 이뤄 함께 생활하는 집이다. 1999년 군산한마음장애인 부모회에서 출발해 지금은 군산에서 가장 큰 장애인 복지시설로 자리잡았다. 밤낮을 함께 보내는 가족이 54명, 주간보호 차 등원하는 가족이 21명, 그리고 이들을 살피며 소소한 기쁨과 슬픔을 나누는 직원이 25명. 그러니 군산목양원의 가족은 어림잡아 100명 정도 되는 셈이다. 그야말로 대가족이다. 이들은 현재 2009년에 완공된 허름한 새 건물에서 생활하고 있지만, 그전에는 10년 가까이 초등학교 터에 남아 있던 허름한 교사 건물을 리모델링해 생활관으로 사용했다. 이번에 사업 대상이 된 공간은 새 건물 주출입구 바로 오른쪽으로 배를 불룩하게 내민 프로그램실이었다.

초기에 목양원에서 제출한 사업신청서를 보면 그들이 원하는 새로운 공간에 대한 요구가 매우 세세하게 드러난다. 춥고 덥고 어둡다는 3종 불만 세트에 대한 환경개선 외에 목양원은 가끔 있는 큰 행사나 빈번한 소모임을 효율적으로 진행할 수 있도록

다목적홀을 이너가든으로 바꾸기 전 기획팀은 목양원 가족들과 공간 구성 워크숍을 진행했다.

프로그램실의 유연한 공간 계획을 요청했다. 심지어 구체적으로 인근 복지시설의 사례를 들어가며 "천장에 레일형 자바라를 설치하면 공간을 효율적으로 나눠 쓸 수 있겠다"고, 아예 문제 출제와 모범 답안까지 제시했다.

사실 공간의 문제가 아니더라도 이곳은 딱히 내세울 만한 문화적인 쓰임새가 없는 상황이었다. 원래 집단활동이 가능한 넓은 공간으로 생활체조를 하거나 노래 교실 수업을 하는 곳, 그 밖에 문화공연을 하거나 영화를 상영하는 용도로 쓰였으나 최근에는 직업 재활 프로그램으로 쇼핑 봉투 제작 작업을 하면서 편칭기와 테이핑 기계들이 들어와 있는 험악한 상황이었다. 이미

문화를
짓다

바닥 난방은 고장난 지 오래되었고, 겨울이면 하체 감각이 둔한 장애인들이 싸늘한 한기를 마치 엷은 온기처럼 느끼며 차갑게 굳어가는 발을 매만져야 했다.

분리와 통합을 향한 공간의 이중주

이곳 가족들은 생활실과 식당, 교육실을 오가는 삼각 구도의 권태로운 사슬을 벗어나기 어렵다. 외출이 힘든 이들에겐 그래서 내부의 공공공간이 절실하다. 마치 숨 막히는 도시에서의 공원이나 광장처럼 숨 틔울 공간 말이다. 이너가든Inner Garden이라는 우아한 이름의 이번 프로젝트는 쉽게 말해 가족들의 원내 생활에 조금이나마 활기를 줄 '안마당'을 갖자는 것이었다.

이너가든의 목적은 크게 세 가지였다. 첫번째는 목양원에서 내준 숙제에 대한 답안으로서, 정말 천장에 두 개의 레일 커튼을 설치해 크고 작은 모임을 따로 할 수 있도록 서로 다른 영역성을 확보했다. 반투명한 소재의 커튼은 그들의 존재를 아늑하게 가려주면서 은근히 드러내주는 이중 효과를 발휘한다. 분리와 통합이라는 목양원의 공간적 욕구에 건축가 금드레는 충실히도 응답했다.

두번째는 이런 공간에 색채를 입혀 각 요소의 시각적 인지

01 가족들이 개인용 스툴을 사용한 뒤 다시 벽면에
   정리하고 있다.
02 각양각색의 방석을 사용한 뒤 직접 벽에 다시
   걸어놓는 가족들.
03 개인용 스툴은 밋밋한 벽체를 입체적으로
   장식하는 요소로도 활용된다.
04 밝고 깨끗하게 정비된 이곳은 이제 그들의
   안마당으로서 다양한 활동에 기여할 것이다.

성을 높이자는 것. 큰 공간에는 녹색 커튼을, 작은 공간에는 파란색 커튼을 바깥으로 입히고, 천장 레일 안쪽으로는 푸른색 LED 조명을 매입해 분위기를 북돋웠다. 개인용 스툴과 방석에도 부드러운 다섯 가지 색상을 사용했다. 그리고 세번째는 건축가의 고민이 가장 크게 묻어난 부분으로, 스툴과 방석이라는 개인용 가구를 입체적인 장식 요소로 활용해 벽체를 꾸민 것이다. 신체적 장애를 감안한 부드러운 스툴과 방석은 놓이는 위치에 따라 안락한 의자가 되기도 하고 근사한 장식으로 변하기도 한다. 만약 이너가든의 공간 디자인이 이 세번째에까지 이르지 못했다면 건축가 금드레는 흔한 말로 그냥 시키는 것만 하고 마는 '동네 업자'에 머물렀을지도 모른다.

이런 큰 이슈 외에 눈에 띄는 것은, 눈에 띄지 않는 한쪽 구석에 쏙 박힌 일명 '나 홀로 공간'이다. 짐으로 가득하던 창고를 개인을 위한 일종의 명상과 휴식 공간으로 꾸민 것이다. 사실 단체생활을 하는 사람들일수록 혼자만의 시간과 공간이 더 절실한 법이다. 지난해 수국마을이라 불리는 부산의 양육원을 찾았을 때 그곳의 정말지 수녀님이 "아이들이 같이 사는 언니들에게 혼나고 한 대 맞으면 혼자 울 공간이 필요하다"고 말했다. 어딘가에서 남몰래 감정을 추스를 공간이 필요하다는 것이었다. 아무리 발달장애가 있다고 하더라도 그들 또한 희로애락의 감정이 있고, 타인과 구별되는 자아가 있다. 자폐증은 그 감정과 자아가

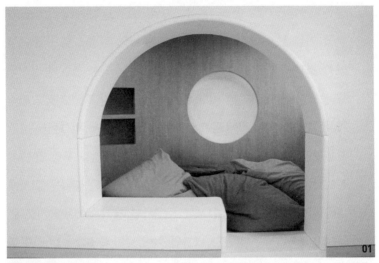

01 '나 홀로 공간'은 단체생활에 더욱 절실한 혼자만
   의 시간과 공간을 제공한다.
02 마음이 함께 전해지는 따스한 온기를 느끼며
   프로그램이 진행되었다.

주체하지 못할 만큼 커진 경우다. 그들 또한 공동체생활의 답답함과 우울함을 달래며 세상에 대한 원망을 조용히 먼 산 바라보며 풀고 싶을 때가 있을 것이다. 그래서 금드레는 '같이 있으면서 분리된 느낌'의 나 홀로 공간을 만들었다. 실제로 파일럿 프로그램을 진행할 때 자폐증을 앓고 있는 한 가족이 집중력에 한계를 느끼고 돌출행동을 보이자 직원들은 재빨리 그를 다른 이들과 분리시켜 이곳으로 데려와 눕히고 차분히 진정시켰다.

올해 예순두 살인 설광덕 할아버지가 "여기 완성된 것을 보니 내 마음이 아주 좋아졌어. 감동적이에요"라고 떠듬거리며 말하는 것을 보니, 이미 이 프로젝트는 절반의 성공을 이룬 셈이었다. 공사 내내 이곳을 창문 틈새로만 엿보다가 오프닝 당일 이너가든에 들어온 가족들은 호기심 어린 기쁜 시선으로 안마당 이곳저곳을 둘러보았다. 그런데 바닥에 앉은 가족들이 가장 먼저 한 행동은 신기한 듯 자신의 엉덩이 밑으로 손을 밀어넣고 피부에 전해지는 따스한 온기를 느끼는 것이었다. 그러고선 그 온기가 낯설어서인지 서로 웃으며 쑥덕거렸다. 새롭게 온기가 흐르는 프로그램실의 바닥을 신기한 듯 매만지며 "멋져요"라는 짧고 어리숙한 감탄을 내뱉는 모습은 어떤 논리정연한 설명보다 그들의 옛 상처와 그들이 지금 느끼는 감정을 잘 전해주었다.

이너가든이 문을 연 첫날 파일럿 프로그램 막바지에 가족들과 직원들은 함께 만든 윷으로 거대한 윷판을 벌였다. 사실 가족들은 멋모르고 던지기만 했다. 그게 도인지 걸인지, 윷판의 말을 업힐지 도망갈지 등의 판단도 직원들이 하고, 승부에 집착해 억지를 부리며 판을 깨는 것도 직원들의 몫이었다. 장애인 가족들은 윷가락을 던진 뒤 물러나 앉아 직원들을 어린아이 보듯 배시시 웃으며 지켜보았다. 직원들은 그들의 손과 발, 눈과 귀, 때론 그들의 가슴과 머리가 되어주었다. 서로 마음을 내주지 않으면 일로도 생활로도 어려운 관계다. 그러니 군산목양원과 이너가든의 주인은 이곳 생활장애인만이 아니다. 나머지 반쪽, 직원들이 있어야만 진정한 가족이 된다.

꿈꾸는 아프리카의 열대

군산목양원에 가기로 결정하고 나서 가장 먼저 한 일은 위치 확인이었다. 군산은 근대건축물 답사차 가본 적이 있어, 내심 일을 마치고 지인들이 알려준 그 유명하다던 짬뽕이나 야채빵을 먹고 올 참이었다. 그런데 지도를 검색해보니 내가 가야 할 곳은 짬뽕은 고사하고 중국집 단무지 하나 맛보기 힘들 막막한 곳이었다. 군산이라는 도시의 흔적은 보이지 않고, 모니터 화면이 온통 초록으로 뒤덮여 깜짝 놀랐다. 넓디넓은 논 한가운데 엄지손톱만한 크기로 작게 박혀 있는 네모난 땅 한 곳. 말이 군산이지

문화를
짓다

시내에서 30분은 족히 차를 타고 달려야 도달하는 외진 곳이었고, 목양원에서 그나마 문화의 향기라도 맡으려면 한 시간에 한 대 있는 버스를 타고 한 시간 이상 가야 할 상황이었다. 마우스로 부지런히 옮겨가며 인근 마을을 찾긴 했는데 몇 가구 모여 있지 않은 아주 작은 촌락이었다. 실제로 도착해서 보니 군산목양원은 몸을 기댈 야트막한 언덕 하나 없는 허허벌판에 홀로 서 있었다. 농한기라서 아무것도 입지 않은 벌거벗은 대지 위에 홀로 서 있는 군산목양원은 지독히도 외로워 보였다. 기댈 곳도, 숨을 곳도 없는 들판에 바람은 더욱 거칠게 몰아쳐왔다.

이너가든을 기획하며 가장 중요하게 생각했던 것은 이곳이 안고 있는 고립감을 완화하는 것이었다. 아직까지도 장애인 시설에 대해서는 사람들이 관용을 베푸는 데 인색하다. 그럴수록 건축가의 입장에서는 그들의 영역 확보는 물론이거니와, 이를 사회와 연결시킬 고민을 치열하게 해야 한다. 주변에 문화시설이 전무한 상황이기에 목양원의 이너가든 정도라면 인근 마을의 문화적 구심점 역할을 할 수 있을 것이라 기대했다.

세상에는 '예배당이 없는 교회'도 있다. 서울에 있는 한 교회는 교회로서 마땅히 가져야 할 심장과도 같은 예배당을 짓지 않고 대신 장애인을 위한 학교를 건립해 종교단체의 새로운 사회적 역할을 보여주었다. '지역사회와 함께하는 학교'를 내세운 이 학교는 전시관과 음악당을 지역에 전면 개방하면서 주민들의

옛 초등학교의 운동장 부지 너머로 목양원의 생활관이
눈에 들어온다.

일상적 공간이 되었다.

　내가 처음 찾은 군산목양원은 현실에 존재하는 장소이면서
도 동시에 모든 장소의 바깥에 있는 것처럼 보였다. 옛 학교 부
지에 남아 있는 기억의 잔상들. 책을 읽고 있는 소녀 동상이라든
지 코끼리, 표범, 기린 같은 아프리카 동물들의 동상이 이 벌판
에 남아 있다. 추운 겨울바람에 간힌 아프리카의 동물들은 먼 열
대 낙원을 향한 판타지를 일으킨다.

　주간 보호를 마치고 21명의 가족이 집으로 돌아가는 시간
이었다. 조금 전까지 파일럿 프로그램에 참여해 쉴 새 없이 떠들
던 설광덕 할아버지가 웬일인지 입을 굳게 다물고 이너가든 둥
근 창문 밖으로 '진짜 집'으로 돌아가는 사람들을 소리 없이 응
시한다.

거스름돈 300원, 그 자립의 가능성

　장애인 복지 전문가인 마이클 J. 켄드릭 박사는 강연에서
이런 질문을 던진 적이 있다. "장애인 복지시설은 장애인을 편
안하게 보호해주는 시설이었다. 이게 과연 옳았을까?" 그러면서
그는 "보호를 받으며 살 수는 있지만 보호받는 삶이 곧 양질의
삶이라고 할 수는 없다. 이제는 보호의 시각에서 벗어나 그들의

잠재력과 창의력을 발굴해줄 수 있는 프로그램이 중요하다"고 말했다. 목양원에 모인 1~3급 장애인들의 지적 수준은 3~4세부터 초등학교 저학년 정도의 수준이다. 이들은 보호자가 없는 경우도 많고, 있다고 하더라도 결국 한평생 그들을 돌볼 사람은 어디에도 없다. 지적장애인을 둔 부모들이 "제가 죽기 1년 전쯤 제 아이를 먼저 데려가주십시오"라고 기도하는 건 장애인의 자립과 생존이 불가능한 우리의 현실에 대한 절망이기도 하다.

그래서 목양원은 보호가 아니라 가족들의 자립을 최종 목적으로 한다. 지금도 두 명 정도는 택배 회사에서 일하고, 내부에서도 단순 노무를 익히고 있다. 뿐만 아니라 혼자서 일상적인 생활이 가능하도록 교통카드로 버스 타는 법, 가게에서 물건 사는 법, 극장에서 표를 사고 영화 관람하는 법 등을 끊임없이 익히고 있다. 목양시네마라는 내부 프로그램에서 수중의 7000원 중 5000원으로 티켓을 사고 2000원으로 과자를 사먹는다. 그래서 언제라도 목양시네마로 변신할 수 있는 이너가든 앞에는 가족들이 직접 운영하는 두어 평 남짓한 작은 구멍가게가 있다. 나는 1000원짜리 지폐 한 장을 꺼내 들고 조심스레 그곳으로 들어갔다. 내가 들어온 것도 모르고 강미순씨는 아까부터 손바닥만한 전자계산기에서 눈을 떼지 않았다. 새우깡을 하나 집고 말을 붙였다. 그는 내 이야기를 알아듣고, 제대로 셈을 해줄까?

"안녕하세요, 이 과자 얼마예요?"

"네? 네, 700원요."

"제가 1000원짜리밖에 없는데, 잔돈 있으세요?"

그는 1000원을 받고 정확히 300원을 돌려주었다. 머쓱해진 나는 잔돈을 받으면서 괜히 슬쩍 물어보았다.

"이 앞에 프로그램실 바뀐 것 봤어요?"

"네, 아주 좋아요. 깨끗해요. 밝아요."

강미순씨는 이너가든 워크숍에도 계속 참여했고, 이날도 적극적으로 파일럿 프로그램에 동참했다. 그는 셈도 밝고, 표정도 밝고, 마음도 밝았다. 말이 좀 어눌하고 행동이 느리다는 것 외엔 얼핏 봐도 보통 사람과 다를 바가 없었다. 그를 포함한 이곳의 많은 가족이 우리처럼 혼자 살 수 있고, 누군가를 사랑할 수 있고, 사회의 일원으로서 일할 수 있고, 심지어 누군가를 도와줄 수도 있다. 우리가 '그들은 할 수 없다'라는 편견을 버린다면, 그리고 그들의 장애만 볼 게 아니라 한 인간으로서 가능성을 돕는다면, 그들의 자립은 결코 불가능하지 않을 것이다.

안녕

내가 군산목양원을 방문한 날 가장 많이 듣고, 또 그래서 가장 많이 하게 된 말이 "안녕하세요!"다. 안면이 있거나 아는

이너가든 프로젝트에 참여한 사람들이 모두 모여 밝게
웃으며 단체 사진을 찍었다.

사이가 아니라면 굳이 서로의 안부 따위는 묻지 않는, 또 그것이 예의로 굳어진 바깥 사회의 격식에 익숙해져 있던 내게 그토록 잦은 인사는 새롭게 다가왔다. 그들은 초면에도 인사를, 돌아가다가 다시 만나도 인사를, 끊임없이 "안녕하세요!"를 던져왔다. 오히려 인사할 줄 모르는 우리의 마음과 감성에 장애가 있는 건 아닐까? 그들을 향해 품고 있던 불안의 상당 부분은 경험과 지식의 부재, 그리고 우리 스스로 '그들'과 '우리'를 구별짓고자 하는 마음에서 비롯된 것일지도 모른다.

　　나는 매일 아침 지하철 홍대입구역에서 내린다. 열차에서 쏟아진 건장한 승객들이 어깨싸움을 해가며 에스컬레이터를 향해 진격해갈 때 유독 뒤에서 사람들이 올라가기를 혼자 기다리는 남자가 있다. 그는 늘 무언가를 크게 중얼거리고 손으로 얼굴을 과격하게 쓰다듬거나 매만진다. 어떤 사람은 이런 그를 일부러 피해 서둘러 오르거나 에둘러 돌아간다. 나도 다르지 않았다. 그러나 나는 이제 최소한 의식적으로 그를 피하지는 않는다. 그가 오르는 것을 보고 그의 뒤에 올라서거나 그보다 한발 앞장서곤 한다. 낯설지만 나도 먼저 인사할 수 있지 않을까. 그에게 "안녕하세요"라고.

문화를
짓다

+ 공간기획자 금드레

금드레는 현 클러스터의 대표다. 사업에 참여한 젊은 건축가들 중에서
도 가장 젊은 편인 그는 파리 발드센 건축학교에서 수학하고 파리 필립
람 건축사무소와 알엔씨(엔)에서 경력을 쌓아왔다. 그는 서울건축종합건
축사사무소에서 실무를 익히면서 아주대학교, 제주건입동호텔 프로젝트
등 주로 거대 자본이 움직이는 대규모 시설에 참여해왔다. 이번 군산목
양원 이너가든 프로젝트를 통해 소외계층을 위한 사회적 건축에 대해 깊
이 고민할 수 있었다는 그는 기회가 된다면 비슷한 다른 일에도 참여하
고 싶다는 의지를 밝혔다.

감각 깨우기 연습

심영규

15년이 훌쩍 지나갔다. 제주도를 처음 찾은 건 20대 초반 겨울 여행이었다. 부모님 세대 이전부터 제주도는 비행기를 타고 바다를 건너간다는 이미지 때문인지, 일상을 떠나 여행 가는 곳이란 생각이 지배적이었다. 서귀포 천지연폭포 아래서 택시기사가 찍어준 부모님의 빛바랜 신혼사진은 아직도 앨범에 고이 간직되어 있다. 아마 그때부터 제주도 하면 무조건 관광지로 생각하게 된 것 같다.

그러나 이후 여행보다는 취재 때문에 출장 가는 경우가 많아지면서 푸른 해변이나, 산호가 부서져 만든 우도의 백사장, 혹은 흰 눈이 쌓인 백록담 같이 엽서에서 볼 수 있는 환상적인 그림보다 평소에 우리가 몰랐던 제주도에 관해 많은 사실을 알게 되었다.

제주는 바람이 많아 태풍 피해도 크게 입는 지역이다. 그러니 자연스럽게 외부에 폐쇄적일 수밖에 없다. 제주도민과 이곳 커뮤니티는 외부에 배타적이다. 사람이 많이 들어오고 나가는 도시와 달리 육지와 떨어져 있어 외지인이 쉽사리 그 지역에 동화되기 힘든 특성도 있다. 시시각각 급변하는 제주 날씨를 보고 있으면 이곳 환경이 사람이 뿌리내리고 살아가기에 만만치 않을 만큼 척박하리란 생각이 든다.

또한 육지의 여느 시골 마을과 달리 생각보다 높은 담을 곳곳에서 볼 수 있다. 친근하고 후한 시골 인심 대신 속내를 알 수 없고 외지인을 경계하는 모습을 종종 본다. 특히 최근엔 우리가 그리던 제주도와 많이 달라졌다. 〈제주도의 푸른 밤〉 가사에 나오는 그곳은 더이상 존재하지 않는다. 뉴스에선 외국인을 비롯한 관광객들이 부쩍 늘어나고, 특히 중국인들이 제주도 부동산 투기에 열을 올려 땅을 사들이고 직접투자를 늘리고 있어 사회 문제가 된다고 연일 보도하고 있다. 덕분에 제주도는 그 어느 때보다 부동산 시장이 뜨겁다. 이미 땅값도 많이 올랐고, 곳곳에 수백 개의 박물관과 펜션, 대형 숙박업소들이 들어서면서 호젓

문화를
짓다

한 제주의 풍경은 점점 찾아보기 어려워지고 있다. 해안도로는 빼곡히 들어찬 카페와 행락객으로 본래의 모습을 잃어가고 있다. 그래서 제주도 사람들은 더욱 안으로 파고들며 자꾸만 문을 걸어잠그려 하는지도 모르겠다.

우리가 몰랐던 그곳

'제주도에 장애인 재활원이라니……' 관광이나 출장으로만 가던 제주도에 중증장애인을 위한 재활원이 있다는 사실을 알게 된 건 최근 일이다. 제주시 애월읍에 있는 창암재활원은 제주공항에서 30여 분 달려가면 닿을 수 있어 그리 멀지 않지만 의외로 외진 곳이다. 최근 애월읍이 소위 '핫 플레이스'로 주목받으면서 해안도로를 따라 많은 펜션과 카페가 들어서고 관광객들로 붐비고 있다. 그러나 재활원은 이렇게 복잡한 관광지에서 살짝 떨어진 해발고도 800미터의 중산간지대에 있다. 추위가 한풀 꺾인 2월 말이었지만 이곳은 기온이 서울만큼 쌀쌀했다.

2005년 세워진 창암재활원은 중증장애인들이 요양하고 치료받고 생활하는 시설이다. 2004년에 지어져 이제 갓 10년을 넘겼다. 잔뜩 움츠린 채 긴장하고 재활원으로 들어섰다. 그러나 우리가 일반적으로 떠올렸던 장애인 시설과는 딴판이었다. 이곳은 병원 같은 치료시설이 아니라 사용자들이 생활하는 '집'이었기 때문에 사람의 온기를 느낄 수 있었다. 재활원 뒤편에는 노꼬메 오름이 있었다. 산책로를 따라 재활원 주변을 한 바퀴 돌고 나자 비로소 여기가 제주도임을 느낄 수 있었다.

제주도와 재활원

재활원 사용자는 대부분 지적장애나 뇌병변장애(뇌성마비, 외상성 뇌손상, 뇌졸중 등으로 인해 발생한 신체적 장애) 1급 중증 장애인들이다. 사용자는 모두 50여 명으로, 이 중에 10명은 스스로 목조차 가눌 수가 없다. 주변의 도움이나 손길 없이는 도저히 생활할 수 없다. 그래서 50여 명의 사용자는 외부와 차단된 채 이곳에서 24시간을 보낸다. 게다가 그들이 만나는 사람도 직원이나 교사, 혹은 비정기적으로 찾는 자원봉사자가 거의 전부다.

가끔 인근의 지역 단체 등에서 봉사활동으로 다양한 문화 활동을 하러 방문하기도 했지만 변변한 공간이 없어서 그동안 프로그램이 온전히 이뤄지지 못했다. 삶의 기본권조차 지키기 쉽지 않은 이들에게 문화나 교육이라는 단어는 어찌 보면 사치처럼 들린다. 그냥 오늘도 아프지 않고 안전하게 하루를 보내는 것이 이들에게는 가장 중요한 일일 수도 있다.

문화를
짓다

창암재활원 새 단장을 위한 토론이 한창이다.

그러나 관계자들을 만나고 사용자들이 머무는 생활공간을 둘러보고 나서야 우리가 평소에 이런 공간에 얼마나 무관심했는지 알 수 있었다. 재단과장인 강인순은 "모든 프로그램이 방 안에서 진행된다. 그래서 할 수 있는 프로그램이 다양하지 않고 제한적이다"라고 말한다. 사용자뿐 아니라 직원도 마찬가지다. 이들은 한시도 눈을 떼지 않고 사용자를 계속 지켜봐야 하므로 24시간 격일로 2교대 근무를 한다. 이렇게 직원들은 부모의 역할과 복지기관의 역할은 물론 병원의 역할까지 하고 있다.

이번 사업에서는 재활원 지하 1층의 공간을 공간 조성하기로 했다. 지하 1층에 프로그램실과 물리치료실 공간이 있는데, 별로 사용되지 않아 이곳에 생기를 불어넣기로 한 것이다.

새로운 건축과 수업

건축가 고기웅은 "이번 프로젝트는 이들의 생활과 삶을 통해 작은 부분이나마 그들을 이해하는 과정이었다"고 말한다. 일반적으로 건축가들은 주택이나 근린생활시설 혹은 공공 프로젝트를 맡지만 재활원에 새로운 공간을 찾아주는 과정은 다른 작업과 근본적으로 달랐고 단순하거나 녹록하지 않았다. 가장 중요한 문제는, 공간을 사용하는 주체가 중증장애인들이기 때문에 본인이 원하는 것이 무엇인지 정확하게 의사표현을 할 수 없었다는 점이다. 그는 "과거에 한국공예·디자인문화진흥원에서 진행했던 '행복한 학교 만들기' 사업과도 전혀 다른 새로운 프로젝트였다"고 말했다. 학교를 대상으로 했을 때는 실제 공간의 사용자인 아이들이 적극적으로 참여할 수 있었던 반면, 재활원에서는 애초부터 그런 접근이 불가능했다. 그래서 연세대학교 건축대학원 스튜디오와 함께 이 프로젝트를 수업으로 진행해 워크숍을 통해 구체적인 해결 방법을 찾기로 했다.

워크숍을 담당한 염상훈·성주은 교수와 학생들이 머리를 맞대고 재활원의 공간을 어떻게 바꿀지 아이디어를 모았다. 이들은 ARDArchitecture Research Design라는 수업을 진행했는데, 이 수업은 건축의 재료와 인간 오감의 관계를 연구하는 수업이다. 건축 재료가 되는 콘크리트나 직물 그리고 빛의 관계를 연구한다. 우리가 흔히 사용하는 콘크리트에 광섬유를 넣어 빛이 투과되는 물성으로 바꾼다면, 이 재료로 만든 건물과 공간이 전혀 색다른 느낌을 줄 것이다. 또한 직물은 다루기 쉽고 부드럽다. 이런 특성을 살린 건축 재료를 개발하면 건물을 만드는 데 더 간단한 방법을 찾을 수 있다. 성주은 교수는 "학생들이 학교를 벗어나 그동안 배운 것을 실제로 적용할 수 있는 흔치 않은 기회"라고 말했다.

재활원 사용자들에게도 마찬가지였다. 수업에 참여한 김주완은 "이들은 일반인보다 오히려 호불호가 더 뚜렷하고 집중력

01 버려진 중정에 문과 거울을 달아 외부의 자연과
   하늘을 볼 수 있게 했다.
02 다용도 프로그램실 전경.
03 복합 프로그램실에 마름모꼴 책상과
   리듬감 있는 선반과 책장을 만들었다.

이 높아 애초의 걱정과 달리 적극적으로 참여했다"고 말했다.

뜨개질 의자와 두루마리 의자

고기웅은 1차 워크숍에서 재활원의 상황을 파악하고 직원들과 면담을 통해 이들의 요구사항을 파악했다. 2차 워크숍에서는 재활원 사용자들과 함께 재료를 통한 '감각놀이'를 진행했다. 감각과 놀이는 어떤 상관이 있을까? 그리고 이 워크숍은 건축과 어떤 관계가 있을까?

재활원의 주 사용자는 주로 뇌 관련 장애로 인해 지적 수준이 일반인보다 낮기에, 뇌를 자극할 수 있는 간단한 놀이를 통해 이들의 반응을 살펴보고, 이 반응을 통해 건축적인 가능성을 실험해보자는 것이었다. 이렇게 관찰한 결과를 실제 디자인으로 공간에 적용할 수 있는지 살펴보기로 했다.

놀이는 사용자에게 좀더 쉽게 접근해 직접 그들의 필요를 듣는 다른 방법이 된다. 평소에 만지던 콘크리트 벽이나 금속 손잡이, 혹은 딱딱한 바닥과 달리 부드러우면서도 다양한 촉감의 재료를 느끼면서 사용자들은 다양한 반응을 보였다. 더 효과적인 방법으로 두 가지 이상의 공감각적인 자극을 주면 감각기관이 활성화되고 긴장을 덜한 상태에서 편하게 시간을 보낼 수 있다. 결

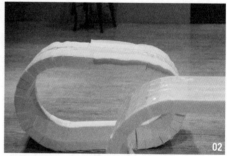

01 2차 워크숍 때 뜨개질 의자를 만들었다.
　　ⓒ건축사사무소 53427
02 함께 만든 두루마리 의자.

국 놀이는 이런 활동에 중요한 도구가 될 수 있다.

　워크숍에서는 '끈 짜기'라는 놀이를 통해 선을 면으로 만드는 실험을 했다. 단순히 실뜨기를 해보는 데 그치는 게 아니라 직접 만져보고 앉아보면서 정말로 사용할 수 있는 의자인지 테스트도 했다. 이렇게 만들어진 것이 '뜨개질 의자'와 '두루마리 의자'다. 뜨개질 의자는 평편한 두 개의 판을 끈으로 엮어 앉을 수 있는 의자를 만든 것이다. 사용자들과 함께 미리 의자 모양으로 구멍을 뚫어 준비한 판재를 끈으로 이었다. 사용자는 손으로 끈을 만지면서 촉각적 자극을 받고 끈이 의자가 되는 과정을 봄으로써 시각적 자극뿐 아니라 성취감까지 맛볼 수 있었다. 끝으로 완성된 의자에 앉아보면 뜨개질 의자가 얼마 만큼의 힘을 받을 수 있는지 몸으로 느낄 수 있었다.

　애초 ARD 수업시간에 '뜨개질 의자'의 개념을 만든 건 보관할 때 부피를 줄이기 위한 목적도 있었다. 여기에서 출발한 아이디어가 바로 '가변성'이다. 넓은 공간을 구획하는 칸막이 벽을 만들면 다양한 상황에 맞출 수 있는 공간이 되기 때문이다. 염상훈 교수는 "의자지만 동시에 팔걸이나 벽처럼 되는 개인적이고 포근한 공간을 디자인했다"며 "개별 치료공간 및 자극 치료공간에 활용될 수 있다"고 말했다.

　또다른 가구인 '두루마리 의자'는 두루마리처럼 말아서 보관했다가 필요할 때 펼치면 의자가 된다. 톱니 모양 같은 각 재료를 붙여서 한 방향으로 말았을 때는 의자가 되고 반대 방향으로 말았을 때는 부피가 줄어드는 두루마리가 된다. 이 의자도 마찬가지로 보관할 때 부피를 줄이면서 가변적인 공간 활용이 가능하다. 의자를 구성하는 모양을 하나의 '모듈'로 제작해 지퍼 등으로 이어 붙이면 다양하게 조합할 수 있다. 모양과 크기가 변한다. 이런 개념으로 쌓고 사용하기 때문에 편하면서 장난감처럼 활용할 수 있는 의자가 완성되었다.

감각으로 관계 맺는 새로운 공간

이런 워크숍과 수업을 통해 '다양성'과 '가변성'이라는 디자인 개념을 정했다. 기존 물리치료실과 프로그램실의 용도를 바꾸는 것만으로도 큰 변화를 만들 수 있었다. 외부 데크와 연결되어 실내가 아주 밝았던 치료실은 여러 가지 용도로 활용할 수 있는 복합 공간이 되었다. 기존 프로그램실을 물리치료실로 만들고 그 사이에 있던 어둡고 침침한 중정을 환하게 바꿨다. 이곳을 사용할 수 있도록 실내와 연결되는 문을 만들고, 커다란 거울 세 개를 벽면에 붙였다. 이곳에 앉아 있으면 시원한 바람을 느끼며 재활원 뒤편에 있는 숲과 하늘까지 볼 수 있었다. 그리고 가운데에 수반을 설치해 바닥에도 하늘의 모습을 담았다. 중증 장

문화를
짓다

애인이 답답한 실내에서도 빛과 소리 같은 외부의 자극을 계속 느낄 수 있도록 하기 위한 배려였다. 워크숍 막바지에 여름 내내 고민해 뜨개질 의자를 디자인했던 학생들과 앞으로 이 의자를 사용할 사람들이 함께 기념촬영을 했다. 이곳에 둔 뜨개질 의자에 앉으면 제주도의 조용한 자연을 편하게 느낄 수 있다. 결국 이 프로젝트는 제주도라는 '자연적' 요소를 디자인에 적극적으로 반영한 것이다.

다용도 프로그램실은 이전의 칙칙하던 방과 완전히 달라졌다. 한쪽 벽엔 두루마리 의자의 개념에서 발전시킨 삼각형 모듈의 접이식 쿠션 의자가 한 줄로 길게 늘어져 있었다. 다양한 방법으로 쌓으면 의자가 되기도 하고 책상이 되기도 하고, 그 자체로 놀잇감이 될 수 있도록 형형색색으로 디자인했다. 또한 방의 네 모서리엔 다양한 프로그램을 진행할 수 있는 평행사변형 책상이 놓여 있었다. 이 책상을 가운데로 모아 팔각형으로 놓으면 자원봉사자나 교사가 아이들과 눈을 맞대고 일대일로 바라보고 행사를 진행할 수 있다. 바닥에는 둥근 원과 직선이 만나는 형태가 그려져 있는데, 디자인 요소로서의 패턴일 뿐 아니라 다양한 프로그램이나 가구 배치에 따라 방이 달라지는 형태를 따라 그린 것이다.

2015년 2월 27일엔 마지막 워크숍과 오프닝 행사가 열렸다. 이날은 사용자와 함께 음식 만들기와 만화경 만들기를 했다.

01 마름모꼴 책상을 팔각형으로 만들어 자원봉사자와
   사용자가 서로 바라보고 프로그램을 진행할 수 있다.
02 뜨개질 의자.
03, 04 만화경 만들기 워크숍.

05, 06, 07, 08
음식 만들기 워크숍. 과자에 초콜릿을 입히고
색색의 가루를 묻혀 포장하면 완성.

30여 명이 참여했는데, 다양하고 가변적인 가구를 활용해 비좁지 않게 진행할 수 있었다.

앞으로 이곳에 찾아올 자원봉사자들은 사용자가 자신의 신체와 외부 환경으로부터 주어지는 감각에 대해 어떠한 반응을 보이는지 관찰할 수 있고, 주어진 공간에서 느낄 수 있는 감각의 요소를 발견하게 될 것이다. 이들에게 필요한 것은 수혜자에게 주어지는 관심이나 일회성 참여가 아니다. 자연스러운 체험과 어울림이 가능한 공간에서 스스로의 감각을 일깨울 수 있어야 한다. 이것이 건축과 공간의 힘이다.

✛ 공간기획자 고기웅

고기웅은 건축사사무소 53427의 대표다. 연세대학교 건축공학과와 베를라헤 인스티튜트를 졸업했다. 유럽과 아시아 각지에서 다양한 스케일의 작업을 했으며, 2006년 고기웅사무소를, 2008년 건축사사무소 53427을 설립했다. 그는 건축 디자인뿐 아니라 사회·경제에 대한 기초 연구와 재료에 대한 실험으로 새로운 건축 방법론을 연구하는 건축가이기도 하다. 대표작으로 해우재, 판교 준이네 집, 신사5611 등이 있다.

종소리가 사는 방

윤솔희

사공의 뱃노래 가물거리면 삼학도 파도 깊이 스며드는데
부두의 새악시 아롱젖은 옷자락 이별의 눈물이냐 목포의 설움

삼백 년 원한 품은 노적봉 밑에 임 자취 완연하다 애달픈 정조
유달산 바람도 영산강을 안으니 임 그려 우는 마음 목포의 노래

〈목포의 눈물〉을 아시는가? 일제강점기에 발표된 이 노래
는 입에서 입을 타고 전국으로 퍼지는 대히트를 기록했다. 구

목포 광명원 전경.

슬픈 가락을 타고 전해지는 아련한 이별의 연정은 애환 가득하고 불안했던 시대를 살아가던 우리네 마음을 대변했다. 이른 아침 영산강 하굿둑 위로 내달리는 빈 버스 안에서 흘러나오는 구성진 트로트 한 가락, 그리고 이를 다시 입안에 담아 흥얼거리는 운전기사의 모습에서 왠지 모를 그 '애달픈 정조'가 배어나온다. 그렇게 달리기를 40분, 빈 버스와 운전사가 주고받던 그 감상에 나도 빠지려던 찰나, 목적지에 도착했다.

허허벌판이다. 민가도 듬성듬성, 마치 김장철 지난 배추밭처럼 황량한 벌판에 나를 내려두고 버스는 사라졌다. 그리고 저 멀리 섬처럼 외롭게 솟아 있는 목포광명원. 네 개의 크고 작은 건물이 본관을 중심으로 군집한 모습이라 더욱 섬 같아 보였다. 그중에서도 본관은 제일 높은 언덕 위에 기다랗게 몸을 걸치고 있었다. 간선도로를 벗어나 오르락내리락 20분을 걸어야 그곳에 도착할 수 있었다.

목포는 눈물이다

목포광명원은 전라남도에 있는 유일한 시각장애인 시설이다. 한국전쟁이 한창이던 1951년 그 혼란의 시기에 저 멀리 목포에 뿌리를 내렸다. 전국의 장애인 숫자를 파악할 수도 없던 때였다. 태어날 때부터 빛을 못 보거나 전쟁중에 시력을 잃은 환자를 먼저 거두었다. 이후 1986년 건물을 신축해 전남 영암군 이곳에 자리잡았다. 따져보면 근 반세기를 운영한 셈이다. 광명원 사무국장 김용기는 장애인 시설의 연대기를 읊어주었다. "옛날에는 거의 수용소였다. 1980년대 들어서야 '보호'라는 개념이 형성되었고, 1990년대부터는 장애인이 자립할 수 있게 도와야 한다는 주장이 대두하기 시작했다. 이제는 개인이 누릴 수 있는 권리를 찾아주자는 개념이 중요하다."

이제는 선천적이거나 후천적인 시각장애인이 줄어드는 추세라고 한다. 그래서 1995년부터 목포광명원에는 시각장애인과 지적장애인이 함께 생활하고 있다. 2014년 현재 총 112명의 식구가 모여 살고 있다. 총총거려야 할 네 살 아기에서부터 느지막한 순정의 예순일곱 살 노인까지. 법인 내에 시각특수학교인 은광학교와 장애인 직업재활시설을 함께 운영하는 등 탄탄하게 기반을 확장해가고 있다.

"목포의 눈물 같지요." 김용기가 툭하고 내뱉은 말이다. 노랫가락처럼 이들도 목포의 외로움을 닮았다. 여기 모인 사람들은 기초생활보장 수급 대상자 아니면 무연고자다. 세상에 이리 사무치도록 시린 단어가 있을까. 근근이 구성된 부모회 모임이 있지만 면회를 오는 가족은 극히 소수다. 다들 하루하루 삶이 고단해 자식 찾아올 여유가 없는 것이다. 그래서 광명원 사람들은

문화를
짓다

서로 엉기고 의지하며 기나긴 인생을 살아내야 한다.

어둠 속에 붉게 핀 꽃

이날 처음 만난 김용기는 단단한 목포 사나이의 전형이었다. 태어나서 이날 이때까지 목포에만 머물렀단다. 나를 보고 그 먼 서울에서 왔느냐며 호탕하게 웃더니 다부지게 자랑을 하나씩 풀어냈다. "이곳 사람들이 얼마나 순수한지 내가 그렇게 미운 소리를 해도 금세 또 와서 헤헤거린다니까. 그러면 나도 웃어버려." 뭐니뭐니해도 자랑의 제맛은 '가족' 자랑이다.

이런저런 이야기를 듣다가 내심 제일 궁금했던 원생들의 사회 진출에 관해 물었다. 그는 가만히 커피잔을 바라보더니 입을 떼었다. "시각장애인은 대부분 안마사 자격증을 따서 안마사가 된다. 그런데 요즘에는 그것도 보는 눈이 곱지 않다. 지적장애인은 두말할 것도 없다. 애지중지 가르쳐 번듯한 데는 아니더라도 신경써서 취업시켜놓으면…… 허 참, 어디서 알고 붙는지, 이 친구들만 정확히 노려서 사기를 치는 놈들이 있다. 처음엔 둘도 없이 좋은 형 노릇을 해주다가 기초수령연금, 월급을 다 빼간다. 명의도용을 당하지 않으면 그나마 다행이지."

애타는 마음에 단단히 주의도 주고, 도리어 왜 속았느냐고

혼내기도 했지만 부질없더란다. 처음으로 나간 사회에서 만난 사람이 보여준 호의는 너무나 달기 때문이다. 있는 것 없는 것 다 내놓아버렸대도 어쩌랴. 그들이 겪는 사회가 그런 것을. 서슬 퍼런 바깥은 이들에게 너무나 차가운 세상이다. 이런 일을 때마다 겪으니 선생님들은 원생들이 상처를 딛고 다시 회복할 수 있도록 더욱 단단하게 감싸안는 수밖에 없다.

서로 다른 불편함을 안고 있는 원생들을 위한 단 한 가지 처방은 교감이다. 더 많이 눈 마주치고 더 자주 이름 불러주는 것. 그에 아주 최적화된 프로그램이 바로 음악이다. 당연히 이들에게 인기 최고 프로그램이기도 하다. 그래서 그런지 현재 목포광명원에서는 현대무용, 미술 등 다양한 분야의 프로그램이 운영되지만 음악의 비중이 높다. 악기 종류도 어마어마하다. 캐스터네츠부터 트라이앵글, 카바사, 탬버린, 피아노, 실로폰, 툼바, 바이올린까지. 소리나는 물건은 죄다 모여 건물 전체가 음악실 같다.

사실 이곳에는 전국적으로 소문난 핸드벨 연주팀 '종소리 모아'가 있다. 2005년부터 정규 프로그램으로 시행되어온 핸드벨 연주는 인기가 대단해 복지재단, 교육청, 해경청 등에서 2014년까지 150여 차례 공연을 해왔다. 2009년에는 필리핀 한인연합회 초청으로 해외공연까지 했다. 목포광명원의 군기반장 박혜숙은 "자폐 친구들은 한곳에 집중하기 어려워 불안해 보이는 행동을 많이 한다. 그런 면에서 음악은 심리적으로 안정된 기

문화를
짓다

분을 느끼게 해준다. 정확한 순간에 악기를 쳐야 하니 스스로 긴장감을 가지고 자신의 역할에 집중하게 된다"고 설명했다.

하지만 이들을 위한 제대로 된 연습 공간이 없었다. 책상 서너 개를 'ㄷ'자 모양으로 모아놓고 연습하는데 폭이 좁아 연습하기가 쉽지 않았다. 악기도 1층부터 3층까지 제멋대로 흩어져 있어 연주할 때마다 이산가족 상봉하듯 헤어졌다 모이기를 반복해야 했다.

마음처럼 따라주지 않는 몸을 이끌고 악기를 옮기는 데만 한 시간이 걸리고, 또 연주 준비하는 데 한 시간이 필요하다. 그런 상황인지라 이번 사업을 처음 접한 원장님은 그 자리에서 유레카를 외쳤단다. "이건 우리 거야!"

당신만을 위한 보편적인 맛

선생님들의 만장일치로 선택된 공간은 본관 2층 남쪽 끝에 있는 방 두 개였다. 휴게실 겸 탈의실로 사용되는 곳인데 조립식 패널로 이어져 변변한 창문도 없는 상태였다. 가로 14.4미터, 세로 6.5미터 정도의 방을 이등분하여 사용했다. 2교대 근무로 일하는 선생님이 교대시간을 기다리거나 지난밤에 아픈 사람은 없었는지 인수인계하기 위해 모이는 공간이었다. 그곳엔 원내에

맡겨질 당시의 옷가지는 물론 철 지난 이불까지 쌓여 있었다. 바닥부터 천장까지 짜인 선반을 채우고도 남은 이름 모를 집기들은 이 공간을 더욱 숨 막히게 했다.

공간기획자인 가인건축 소장 이정심은 본격적인 디자인에 앞서 광명원을 한 바퀴 둘러보고는 제대로 된 마당을 만들어줘야겠다고 생각했단다. 원생들이 그리 좋아한다던 음악에 맘 편히 집중할 수 있게, 업무에 지친 선생님이 한시라도 편안히 쉴 수 있게 공간을 기획해나갔다. 이정심은 동선을 줄이는 게 답이라고 판단해 이 공간을 음악실 겸 다용도 목적실로 기획했다. 다양한 연령층, 가변적인 사용에 적합한 공간으로 만들 계획이 선 것이다.

먼저 가벽을 허물고 숨통을 틔웠다. 대신 움직일 수 있는 벽을 설치해 필요할 때마다 공간을 나누거나 합쳐서 사용할 수 있게 했다. 공간의 변용을 허락하자는 의도였다. 이전에는 여러 가지 프로그램이 동시에 진행되면 마땅한 교실이 없어 빈방에 들어가 진행하기도 했다. 매번 바뀌는 공간 때문인지 원생들의 집중도도 낮고 강사도 비지땀을 흘렸다. 이제는 땅콩처럼 나뉜 공간에서 동시에 두 가지 프로그램을 진행할 수 있다. 집중력이 약한 원생에게는 같은 환경을 유지해주는 것이 중요하다.

그다음에는 부족했던 악기 수납장을 한쪽 벽면에 가지런히 짰다. 광명원이 보유하고 있는 악기 정보를 모두 모아 크기를 측

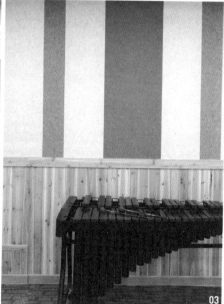

01 공간을 가로지르는 가벽을 걷으면 하나의
   넓은 공간이 나타난다.
02 사물함 사이에 숨어 있는 벽을 꺼내면 방을
   두 개로 나눌 수 있다.
03 공간의 내부 마감재는 방음을 위해 흡음재와
   목재로 선택했다. 포근한 공간으로 만들기
   위해 적절한 배색을 고려했다.

정하고 가장 알맞은 크기를 도출해 설계한 수납장이었다. 그 많던 악기들이 이제 제자리를 찾았다. 한곳에 가지런히 들어가 있어 교사가 수업을 준비하기도 쉽고 원생들이 악기를 정리하는 데 능동적으로 참여할 수 있다는 장점도 있었다. 수납장 맨 아래 칸은 넉넉하게 만들어 2인용 책상과 의자를 살포시 숨겨놓았는데, 평소에는 넣어두었다가 꺼내면 공부방이 되었다. 그리고 온 벽을 흡음재로 단단히 둘러쌌다. 까끌까끌하게 돋은 흡음재는 벽에 손을 자주 짚는 원생들에게 신선한 자극이 될 것이다. 자재의 색은 선생님들과 의논해 알록달록하게 배치했다. 부족했던 창문도 두 개나 만들었다.

그제야 언덕 너머 저 멀리 무화과밭이 슬그머니 공간 속으로 들어왔다.

토닥토닥 땅 고르기

흙에 맨발을 살포시 갖다 대면 전해지는 알싸한 뭉개짐. 금세 손끝까지 차오른다. 그래서 어릴 때 나는 곧잘 아스팔트 도로를 피해 흙길을 찾아다녔는데 이제는 애써 피한다. 만져서 행복한 충만감보다 '저걸 언제 씻나' 하는 걱정이 앞선다. 내 몸에 분포된 신경세포에 미안할 따름이다.

문화를
짓다

2014년 12월 열린 흙 만지기 워크숍은 원생들이
한 교실에 모여 고운 황토를 반죽하는 촉각 자극
놀이였다. ©이정심

워크숍에서는 흙에 내포된 태초의 성질에 집중했다. 사실 원생들은 맨손으로 흙을 만질 기회가 드물었다. 100명 넘는 원생이 나들이에서 흙 놀이로 일탈을 꿈꾸면 선생님들은 그 자리에서 눈물이 날 지경이었다. 그렇기에 유창균 교수는 특별한 이벤트로 흙 놀이가 딱 좋겠다 싶었다. 그렇게 해서 한바탕 질펀한 흙장난이 시작되었다.

구석에 박혀 있던 트리가 제 불을 켜던 2014년 12월, 흙 만지기 워크숍이 열렸다. 목표는 '나만의 정원 만들기'. 선생님은 책상과 바닥에 거대한 비닐을 깔아 무대를 완성하고 20명 남짓한 참가자들은 토시를 끌어올리고 앞치마를 단단히 둘러매 무장 태세를 갖추고 교실로 들어섰다. 한데 모여 아주 고운 마른 황토를 반죽하는 것부터 시작했다. 일명 고무 다라이(이렇게 불러야 제맛이다)에다 흙을 넣고 선생님이 부어주는 물줄기를 따라 손바닥을 이동하며 흙을 만지작거렸다. 적당히 진득해진 흙을 준비된 네모난 틀에 옮겨 부어 탄탄한 땅을 만들었다. 키가 80센티미터 채 안 되는 네다섯 살짜리 남자아이는 의자에 몸을 의지하고 온몸을 앞으로 숙여가며 고사리 같은 손으로 흙을 투닥댔다.

이제 본격적인 정원 가꾸기를 위해 사각 틀에 흙 반죽을 채운 물렁물렁한 '흙 도화지'가 준비된 것이다. 어리숙하게 고개를 든 청년은 조각칼로 네모 속에 네모, 그리고 반원을 그리더니 구름도 넣고 이내 비뚤배뚤하게 '우리 집'이라고 적었다. 펄럭이는 돛단배를 그린 이도 있었다. 그림을 완성한 원생들은 준비된 인조 이파리와 열매, 돌덩이로 흙판에 수를 놓았다. 흰색, 노란색, 초록색 등 자글자글한 색깔 모래는 그들 손에서 이내 물감이 되었다.

성장기에는 촉각이 중요하다. 유창균은 "직접 밖에 나가서 흙 놀이를 하기 힘드니 이번 기회를 통해 새로운 체험 기회를 열어주고 싶었다"고 덧붙였다.

무화과 필 무렵

드디어 다가온 공연 날, 원생들은 여태껏 갈고 닦은 연주 실력을 펼쳤다. '종소리 모아' 단원 15명이 제자리 앞에 섰다. 허공을 가르며 청아하게 퍼지는 음을 따라 선생님과 단원들의 눈빛이 오갔다. 선생님은 음계마다 단원들을 향해 손가락으로 짚어주며 악기를 흔들어야 하는 지점을 알려줬다. 단원들은 선생님과 교감하기 위해, 제 역할을 제대로 해내기 위해, 악기를 손에 꼭 쥐고 흔들었다. 그리고 이내 한 곡을 완주했다.

음악을 듣다보니 여기는 참 무화과 같단 생각이 들었다. 무화과는 누가 꽃 없는 나무라고 놀려도 제 열매 속에 꽃을 품고는 숨겨둔 꽃을 함부로 내놓지 않은 채 옹골차게 속으로 꽃 수술을 뻗치며 자란다. 이 공간도 그렇다. 속으로 속으로 파고드는

01 핸드벨 수업 장면. ㄷ으로 열린 책상 가운데에 선
   생님이 들어가 원생의 중심이 된다.
02 원생들은 스스로 핸드벨을 제 앞에 가지런히
   정리하고 연주를 준비한다.
03 무미건조했던 벽에 무지갯빛 대나무 숲을 그려
   생기 있는 공간을 만들었다.

04 핸드벨 수업 장면. 선생님이 원생들의 눈을 마주
보며 악기를 쳐야 하는 순간을 가르쳐준다.

원생들을 단단히 지켜낸다. 그리고 제때 열매를 터뜨린다. 한여름에 푹 익은 무화과가 무심하게도 툭 하고 터지듯이. 사회에서는 장애를 '별일'이라고 말한다. 그런데 이들을 보라. 제 나름대로 빨간 꽃을 품고 있다. 그게 이들이 사는 방법이다.

겨울의 끝 무렵, 황량해 보이던 땅들이 다 무화과밭이란다. 박혜숙 선생은 나에게 무화과를 먹어본 적 있느냐고, 참으로 맛있다고 이야기를 꺼냈다. "목포는 무화과가 유명해요. 참 달아요, 건강에도 좋고. 꼭 다시 와서 먹어봐요. 무화과는 신선할 때 먹어야 맛있는 거라 보내주기도 아쉽소잉."

아뿔싸, 나를 만난 내내 선생님도 긴장하셨는지 서울말만 쓰시다 차진 사투리가 몰래 튀어나왔다. 우리는 큭큭 웃으며 헤어졌다. 〈목포의 눈물〉이 잊혀질랑가 모르겠다. 난 이번 여름에 무화과를 제대로 한번 먹어볼 요량이다.

+ 공간기획자 이정심, 김철우

이정심과 김철우는 부부 건축사로 가인건축사사무소를 함께 운영하고 있다. 가인은 집 가(家), 사람 인(人)으로, 사람을 위한 집을 짓겠다는 뜻이 숨어 있으며 현재 목포대학교와 광주대학교에 출강중이다. 단독주택, 보육시설, 교육연구시설 등 다양한 프로젝트를 진행한 경험을 바탕으로 이번 목포광명원에서 사용자를 위한 능동적인 공간을 만들어냈다.

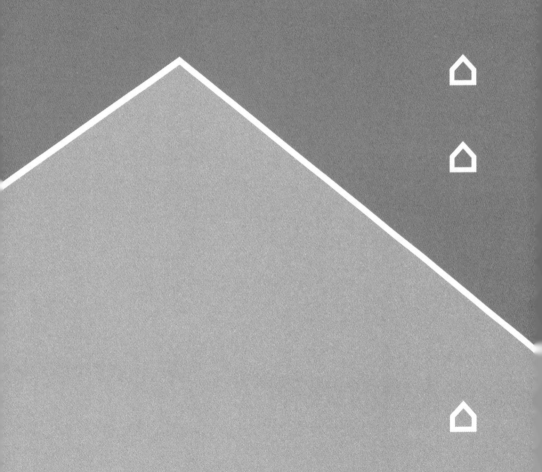

4부 우리의 놀이터

언젠가 어른

윤솔희

올해로 나는 스물일곱이 되었다. 문득 엄마는 내 나이에 결혼했다는 사실을 깨달았다. 역시나 이맘때면 경제적으로나 사회적으로나 자립을 이뤄내야 하나보다. 물론 나도 흉내를 냈었다. 대학교 진학이란 일생일대의 변수가 찾아왔을 때 '옳다구나!' 싶어 서울행을 택하며 부모님으로부터 독립을 선언했다. 이제부터 나 혼자 잘먹고 잘살리라, 다짐했지만 모든 일이 그렇듯 마음처럼 쉽게 풀리지 않았다.

하루 24시간 중 고작 15시간을 눈 뜨고 있으면서도 예상치 못한 생활의 변수는 항상 부모님을 애타게 찾게 했다. 졸업과 함께 어느 골목길 월세방에 몸을 구겨넣는 순간부터 그 빈도는 더욱 잦아졌다. 이따금 생활비가 부족해질 때 그토록 달던 아빠의 '용돈 찬스'를 어김없이 바랐고, 요리 하나 하려면 꼭 엄마에게 전화를 걸어야 했다. 국을 끓일 때도, 시장에서 반찬을 살 때도. 그뿐인가. 심지어 주방세제는 어떤 브랜드가 좋은지, 된장은 어디서 사야 하는지까지 답을 들어야 했다.

나는 '자립'을 원했지만 그들의 옷깃을 놓지는 않았다. 필요할 때마다 이따금 숨어들 도피처를 잡아둔 셈이었다. 좀더 정확히 말하면 사회가 요구하는 이상적인 자립이란 기준에서 슬며시 비켜나 '난 아직 어려' 또는 '조금 더 누려도 된단 말이야'라며 스스로 합리화했다. 그래도 나는 혼자 사니까 괜찮아!

그래서 나는 이 글을 시작하기에 앞서 스스로 부끄러운 시간을 보냈음을 고백하고 싶다. 처음 만난 소년, 소녀들이 보여준 해맑은 미소에 감히 '생각보다 괜찮아 보여'라고 섣불리 판단했다. 그러나 이내 후회하고 말았다. 하루하루 만남이 쌓여갈수록 이들은 생각보다 외롭다는 것을, 그럼에도 무척이나 올곧게 자립을 준비해나가고 있다는 것을 깨달았기 때문이다. 그들 앞에서 나는 어린아이에 불과했다.

원주 나눔의집 햇살지역아동센터는 이 아이들의 베이스캠프다. 더 멀리 자신의 행성을 향해 날아가기 위해 잠시 한숨 돌리

01 시원하게 펼쳐진 공간 전경. 3층 전체를 통째로
   쓸 수 있게 되었다.
02 선생님의 업무 집중도가 향상될 수 있도록
   분리된 공간을 마련했다.
03 댄스 연습실 맞은편에는 아이들이 모여 은밀하게
   회의를 할 수 있는 숨은 공간을 마련했다. 동그란
   커튼 레일을 따라 커튼을 치면 분리된 공간이
   마련된다.

는 우주정거장과도 같은 곳. 이 이야기를 통해 그곳에 잠시 머물고 있는 소우주선과 우주정거장의 *끈끈한* 접속을 말하고 싶다.

베이스캠프의 꿈

강원도 원주시 학성동. 흔히 볼 법한 튀튀한 회색빛의 3층짜리 상가 꼭대기에 햇살지역아동센터 일명 '때때'가 자리잡고 있다. '때때'란 '때로는 매서운 겨울날 햇볕처럼 따스하고, 때로는 뜨거운 여름날 그늘처럼 시원한 공간이 되길 바란다'는 마음으로 지은 이름이다. 한가지 더 숨은 뜻은 '아기에게 먹이는 젖'이란 의미다. 이러나저러나 모두 아이들을 위한 보육의 뜻이 확실하다. 지역의 빈곤 아동을 대상으로 성공회가 운영하는 나눔의집 햇살지역아동센터는 그중에서도 특별히 청소년만을 위한 공간으로 방과 후 프로그램을 운영한다.

아동센터가 처음 생긴 1999년 당시에는 별다른 연령 구분없이 한 지붕 아래에서 살았다. 벽과 지붕의 이음새가 완결되지도 못한, 그러니까 한옥을 개량해 스티로폼 패널을 얼기설기 붙여놓은 집에서 쪼끄마한 아이부터 거뭇거뭇 턱수염을 드리운 고등학생까지 함께 생활했다. 그러나 점차 아이들의 수가 많아져한옥은 포화상태에 이르렀다. 더 큰 문제는 아이들을 한 공간에

문화를
짓다

때때의 기타 동아리 친구들이 연주하는 모습.

두다보니 아동기, 청소년기의 발달 특성을 고려하여 개개인을 세심하게 보살피지 못한다는 점이었다. 작은 집에 같이 있으려니 까불대는 어린아이와 한창 예민한 큰 아이 간에 크고 작은 다툼이 잦아졌고, 그때마다 불리한 건 한 살이라도 더 먹은 쪽이었다. 큰 아이 처지에서 보면 저도 신체적, 심리적으로 예민한 시기인데 억울하고 분통 터지는 노릇이었다. 그들에겐 집에서나 학교에서나 개인적이고도 섬세한 보살핌이 절대적으로 부족한 상황인데, 이 문제가 아동센터까지 침범해오고 있었다.

결국, 센터 측은 이들이 모두 만족할 수 있도록 또다른 공간을 찾아 나섰고 현재 머물고 있는 건물주와 인연이 닿게 되었다. 지금은 경기도 포천시법원장으로 있는 김정삼 판사였다. 그는 사무실을 이전하면서 공관이 된 이곳을 아이들을 위해 흔쾌히 내주었고 때때는 건물 3층으로 입주하게 되었다. 2015년 현재 중학교 2학년생부터 이제 막 고등학교 졸업을 앞둔 열아홉 살까지 총 27명의 학생과 선생님 4명이 복닥복닥하며 시간을 보내고 있다.

이곳의 주인공들은 방과 후에 학원으로 이리저리 이동하기 바쁜 또래와는 다르다. 4~6시 무렵부터 삼삼오오 모이기 시작해 문화 프로그램으로 운영되는 강의를 듣거나 음악, 댄스 동아리 활동을 하고 밤 8~9시경 집으로 돌아간다. 평균 다섯 시간, 운영 프로그램이 많아지는 방학 때는 아홉 시간 정도를 함께 보낸다.

문화를
짓다

댄스 연습실에서 아이들이 힘차게 춤 연습을
하고 있다. 댄스 연습실은 무빙 월로 분리 가능하다.

짧지 않은 시간 동안 때때 선생님들은 하나라도 더 알려주고 싶은 마음에 다양한 프로그램을 기획해 운영하는데, 현재 운영되는 프로그램만도 열 가지가 넘는다. 중심 프로그램인 상담, 연극, 인문학 강의 외에도 악극단, 댄스, 기타, 연극, 우쿨렐레, 비보이 동아리 활동이 있다. 또 외부 강사를 초빙해 주 1회 리폼 수업, 예술 작업, 제빵, 커피 로스팅 강연이 펼쳐진다. 한시도 조용할 틈 없이 다양한 프로그램이 때때의 아이들을 단련시키고 있다.

미지의 행성을 발견하라

우리가 가진 통념을 이들에게 쉽사리 적용해서는 안 된다. 흔히 생각하는 '대학 진학'은 이들에게 우선적인 목표가 아니다. 운영되는 문화 프로그램도 '국·영·수' 과목이 아닌 '취미활동 수업이겠거니' 짐작한다면 오산이다. 다시 풀어 말하면 '취미'가 아니라 '기술'이다. 여기서 배운 몇 가지 기술로 앞으로의 생업이 정해질 수도 있다. 때때를 떠나야 하는 스무 살부터 이들은 자신의 삶을, 혹은 가족의 운명을 오롯이 책임져야 하므로 이들이 만드는 향기로운 커피나 차진 빵 반죽은 장래의 직업으로 이어지게 된다. 예상치 못한 가정사는 당사자의 잘못이 아니더라도 인생에서 정면 대결해야만 할 숙제다.

문화를
짓다

    탐스러운 딸기 케이크를 사들고 찾아간 어느 날, 나는 아이들이 있는 방문 앞에서 살짝 긴장했다. '나를 보고 피하지 않을까? 낯을 가려 말 한마디 안 해주면 어쩌지? 혹시나 공격적이거나 반항적이어서 대들기라도 하면?' 그러나 이내 문이 열리며 아이들의 분홍빛 볼에 머금은 수줍은 미소를 발견하고는 안도의 숨을 내쉬었다. 이후 아이들은 이것저것 두서없는 나의 질문에 작지만 또렷또렷한 목소리로 대답해주었다. 참으로 밝고 명랑한 친구들이었다. 그 배경에는 때때의 '왕엄마' 박은자 선생님이 있었다. 그는 힘주어 말했다. "가난하다고 불행한가요? 그렇다면 부자가 되면 행복한가요? 우리는 아이들을 위로와 치유로 보듬을 거고 앞으로 세상에서 아이들이 존중받을 수 있게 자립하도록 도울 거예요."

    무더위가 한풀 꺾이고 선선한 바람이 찾아들던 2014년 10월, 문화기획자 김란은 아이들을 만났다. 그는 아이들에게 장래희망이 뭐냐고 물으며 대화를 시작했다. 그런데 대부분의 답변이 카페나 빵집 사장님, 또는 연예인이었다. 연예인이야 어느 청소년에게나 매력적인 존재일 테니 이상할 것이 없었다. 그런데 '사장님'은 웬 말인가? 문득 나의 초등학교 시절이 생각났다. 나도 장래희망을 적을 때면 친구들이 많이 적어 내던 간호사를 썼다. 친구들이 다들 그렇게 쓰니까 그게 내 꿈도 되리라 짐작하며. 하지만 지금 생각해보면 기필코 그건 내 꿈이 아니었다. 의

학 드라마에 나오는 피만 봐도 눈을 질끈 감아버리는데 무슨. 다만 군중심리에 이끌려, 그리고 내가 아는 것이 그만큼이었기에 나온 베낀 답안이었다. 그리고 내가 그랬듯, 카페나 빵집 사장님은 평소에 아이들이 아주 가까이서 보아 어느 직업보다 친근한 느낌이 들었기에 그들의 장래희망이 된 것은 아닐까.

그렇다. 아이들의 꿈도 시간표에 짜인 프로그램처럼 표 안에 머물러 있었다. 긍정적인 배움의 의지가 능동적인 탐색으로 이어지지 못한 것이다. 김란 선생은 "다양한 직업군을 소개해서 아이들이 생각하는 스펙트럼이 넓어졌으면 좋겠다"고 말했다. 세상엔 다양한 직업이 있다. 장래희망은 언제든 마음에 따라 바뀔 수 있고, 이제는 평생 직장 개념도 없는 시대다! 얼핏 뻔하고 진부한 이야기처럼 들릴지 몰라도 아이들에게 필요한 조언이었다. 자상한 부모님 곁에서 하나씩 따져가며 생각해볼 수 있는 환경도 아니고, 15년 가까이 보살펴준 때때 선생님들이 미지의 분야까지 쉽게 소개해줄 수 있는 상황도 아니었다. "당장 눈앞에 결과가 보이지 않아도 지금 네게 꼭 맞는 미지의 행성을 찾아보자" 하고 내밀어줄 손길이 절실했다. 넉넉지 않은 얼마의 시간 동안 캄캄한 사회에 몸을 던지기 위해 준비하는 이들이 제가 가려는 길이 정말 자신에게 꼭 맞는 길인지 두드려보는 일이 필요했다. 약간의 모험을 감행하더라도 본인의 가치를 탄탄하게 쌓아가기 위해 꼭 필요한 과정이었다.

문화를
짓다

낙엽이 한창 제 색깔을 뽐내던 가을, 원주와 서울에서 워크숍이 차례로 열렸다. 특별히 영상기획자로 활동중인 김성호를 초청해 그가 직업을 찾은 방법을 소개했다. 한마디로 말해 그가 직업을 찾은 과정은 모범답안에 가까웠다. 한창 학교에 다니다가 문득 '무엇이 하고 싶은가'를 고민했고, '당장 모르겠으니 일단 다양한 직종의 사람을 만나보자'고 결심했다. 자전거가 좋아 수리공이 됐다는 남자, 모델이었다가 그만두고 일반 회사원이 된 여자, 각양각색의 인물을 인터뷰했고 이를 영상으로 남겼다. 영상 속 주인공들은 세상이 그렇게 녹록지 않다고 말했다. 처음에 소망하던 꿈을 이룬 사람도 있고, 현실의 벽에 부딪혀 다른 삶을 살고 있다고 담담하게 전하는 사람도 있었다. 그런 작업을 하던 와중에 비디오의 매력에 빠진 김성호는 현재의 직업을 갖게 됐다.

김성호는 먼저 자기가 만났던 인터뷰이들의 영상을 보여줬다. 처음엔 관심 없다는 듯 등을 기대고 느긋하게 바라보던 아이들은 영상이 한두 편 이어질수록 점차 몸을 앞으로 당겨 화면 가까이 다가갔다. 물론 단연 인기가 좋은 것은 '모델' 인터뷰였다. 영상을 다 본 아이들은 "현실적인 조언이었어요"라고 수줍게 말했다. 또한 "현대무용을 하던 그분처럼 스스로 노력해서 하고 싶은 것을 하는 게 보기 좋다"고 구체적으로 가슴에 담은 장면을 말하는 친구도 있었다. 영상에서 넌지시 말하고 있는 '원하는 바를 찾아내어 이루기는, 더군다나 그것을 성공적으로 이끌기는 매우 힘들다'는 현실을 눈치챈 것이다. 김란 선생은 "어른이 되면 장밋빛 앞날이 펼쳐질 것이란 말 대신 지금 우리네 세상이 어떤지 담담하게 말해주고 싶었다"고 말했다. 이런 자극을 통해 아이들은 자신을 스스로 돌아볼 수 있을 것이다.

청소년 건축가의 설계도

어느 날 『소설가의 일』에서 "모든 이야기는 우리가 사는 세상을 반영한다"는 김연수의 글귀를 접했다. 그의 말에 빗대어 표현하자면 각각의 공간은 우리가 사는 이야기를 반영하지 않을까 하는 생각이 들었다. 마치 내가 살고 있는 집이 나를 가장 잘 드러내는 공간이듯이 말이다. 반대로 적용해보면 그 뗄 수 없는 끈질긴 관계 때문에 공간은 언제라도 '어쩔 수 없는 환경'이란 탈을 쓰고 인간을 길들이려고 하는 것 같다. 내가 하는 행동을 제한하고, 변화에 능동적으로 대처하지 못하게 한다.

때때의 집은 한 상가 건물의 한 층, 그중에서도 절반 정도를 사용하는 공간이었다. 한 층을 기부받았지만 건물주의 개인 집기들이 쌓여 있는 창고는 접근 불가 영역이었고, 아이들은 166제곱미터, 약 50평 남짓한 공간을 영위했다. 스티로폼 패널로 그 중간을 갈라 한쪽에는 거울을 붙여놓고 댄스 연습실로 쓰

문화를
짓다

고 한쪽에는 6개의 테이블을 붙여 사랑방으로 사용했다. 하루가 다르게 쑥쑥 크는 27명의 청소년이 함께 지내기에는 비좁았다. 특히나 다양한 프로그램이 빈틈없이 굴러가야 하는 상황이어서 모든 활동이 동시에 이뤄져야 했다. 대충 나뉜 공간은 방의 기능을 적절히 수행하지 못해 난감한 상황이 하루에도 여러 차례 연출되었다. 한쪽에선 최신 댄스곡에 맞춰 맹렬히 춤을 추고 있는데, 반대편에선 눈물 쏙 빼는 진로 상담이 이뤄지기도 했다. 누군가는 기타 연주에 심취해 있는데 저편에서는 어서 빨리 밀린 숙제를 끝내려고 머리를 싸매기도 했다. 각자의 감정과 움직임이 다른데도 이 모든 게 강제적으로 공유되어야 했다. 선택의 여지가 없었다.

한편 아이들이 최대 단점으로 꼽은 건 화장실이었다. 단순히 위생 문제가 아니었기 때문이다. 허기진 6시경에 저녁식사를 하려면 배식하는 공간을 제외하고 앉아서 먹을 수 있는 자리가 여의치 않아 몇몇 아이들은 화장실을 마주한 좁은 복도에서 저녁을 먹어야만 했다. 그런데 물이 새고 배수도 안 되는 것은 물론 낡은 배관을 타고 밑에서부터 올라오는 악취와 싸워야만 했다. 분명 달갑지 않은 공간이었다.

물론 사람에게만 부족한 공간이 아니었다. 15년 동안 쌓인 물건들도 제자리를 찾지 못하는 건 매한가지였다. 기타, 롤러스케이트, 책, 학용품들이 제 몸을 숨길 데 없어 잇속까지 훤히 드

건축가의 2차 워크숍은 학생들과 변신할 공간을
모형으로 공유하며 이야기를 나누는 것이었다.
© 건축사사무소 SOA

러내고 있었다. 아이들에게 변변한 개인 사물함이나 신발장도 마련해줄 여유가 없었다. 쌓인 물건들이 시야를 야금야금 가려가며 유리창까지 침범하고 있어 총체적으로 효율적인 공간 운영이 어려운 상황이었다. 야박한 공간의 한계는 아이들끼리나 아이들과 선생님 사이에서 효과적인 소통을 제약하는 걸림돌이었다. 진실로 이곳은 배움의 장소 이상이었지만, 공간적으로는 그 역할을 다 해내지 못하고 있었다. 이곳은 아이들이 때론 불확실한 가정보다 의지하고 마음을 놓을 장소였지만, 공간은 그러한 아이들의 필요에 응답하지 못하고 있었다. 현장답사를 끝낸 공간기획자 이치훈과 강예린은 '아이들이 뿌리내릴 수 있는 공간'을 조성하리라 다짐했다. 더더욱 기쁜 소식은 이번 기회에 건물주가 3층을 모두 다 사용할 수 있도록 도와주겠다고 한 것!

건축가는 아이들과의 첫 만남에서 앞으로 더욱 넓어질 때때의 공간 설계도를 요청했다. 지금 있는 건물의 평면도를 한 장씩 나눠주고 아이들이 공간을 어떻게 나누면 좋겠다고 생각하는지 들어보기로 했다. "깨끗했으면 좋겠다"는 소망부터 "유리창으로 밖을 보고 싶어요"라는 소박한 소원까지 모두 모였다. 아이들의 뜻을 차근차근 정리하니 몇 가지 뚜렷한 지점이 읽혔다.

첫째, 소음이 나는 공간이 확실히 분리되면 좋겠다. 둘째, 다 같이 둘러앉을 수 있는 거실이 있으면 좋겠다. 셋째, 선생님과 일대일 면담을 할 수 있는 별도의 영역이 있으면 좋겠다. 추가로 화장실 개선과 식당 구획도 곳곳에서 언급되었다.

　　강예린과 이치훈은 레이아웃 구상에 돌입했다. 핵심 개념은 '포개어진 물건 하나하나의 층'이라는 뜻의 '켜'였다. 넓지 않은 면적에서 다양한 프로그램에 대한 요구에 능동적으로 응답할 수 있도록 몇 개의 켜를 나눠가며 공간을 설계했다. 크게 관리영역(화장실, 식당)과 생활영역(거실, 댄스 연습실)으로 구분짓고 생활영역 안에서도 무빙월을 설치해 공간을 가변적으로 사용할 수 있게 계획했다. 세 개의 움직이는 벽으로 공간을 댄스 연습실, 활동실, 거실로 잘게 나누기도 하고 벽이 필요 없을 땐 감쪽같이 숨겨 하나의 공간으로 넓게 사용하도록 했다. 제한된 공간 안에서도 소음의 진원지가 어디냐에 따라 능동적으로 대응할 수 있게 하는 해법이었다. 아이들이 제기한 화장실 문제도 사이 공간에 켜를 두어 해결했다. 건물 전체 배관을 수리할 수는 없지만, 화장실과 거실 사이에 주방과 교사실을 만들어 일정 거리를 두었다. 그럼으로써 기존에 없던 선생님의 공간과 주방을 만드는 일석이조의 효과를 거두었다.

　　그렇다면 사적인 상담 공간은 어디에 있을까? 정답은 바로 커튼에 있다. 새롭게 바뀐 때때에 들어서면 하얀 공간에 까만 커튼레일이 선을 긋고 있는 모습을 볼 수 있는데, 바로 이 레일을 따라 하얀 커튼을 치면 일대일 상담실이 마련된다. 오붓하면서도 은밀한 공간이 생겨나는 것이다.

문화를
짓다

부족했던 수납공간은 천장 상부를 비롯해 한쪽 벽면에 설치한 널따란 수납함으로 보완했다. 거실에 자리잡은 유동적인 책상은 네개의 패널로 구성되었는데 각각 독립적인 회전이 가능해 벽이 되거나 책상으로 사용할 수 있었다. 또한 건축가의 보너스 선물인 이동식 책상 겸 의자는 때때의 공간을 이리저리 누비고 다닐 수 있는 다용도 가구로 맹활약이 예상되었다. 세 개의 모듈로 디자인해 아이들이 쉽게 옮기고 내키는 대로 걸터앉아가며 사용할 수 있도록 했다. 이 모든 디자인은 개인의 독립된 책상이나 영역을 찾지 못했던 이들에게 각자 아담한 자리를 내주는 데 초점을 맞췄다. 발랄한 상상력을 마음껏 뽐내라며 공간 사용 선택권을 아이들에게 돌려준 것이다.

은하수를 향하여

　　봄을 앞둔 겨울 저녁, 땅거미가 채 내리기 전 때때에 도착했다. 주변이 번화가가 아니었기에 어둠이 슬며시 계단으로 스며들고 있었다. 서둘러 그 길을 올라가니 살짝 열린 문틈 새로 환한 빛이 새어나왔다. 무거운 철문을 열고 안으로 들어서는 순간 아이들의 웃음소리가 온몸을 감싸안았다. 오늘은 때때의 집들이 잔칫날이었다. 때때를 응원하는 원주 주민들이 한데 모여

01 파일럿 프로그램 당일 아이들은 일일 상상카페를
   열고 직접 내린 커피와 빵을 준비했다.
02 선생님의 도움을 받아 정성껏 커피를 내리고
   있는 학생의 모습.
03 이동 가능한 책상 겸 의자 가구는 아이들의 상상력에
   따라 다양한 용도로 활용할 수 있다.

04 선생님들과 주민들은 한마음으로 때때의 변신을
   축하해주었다. 세 가지 모듈로 디자인된 이동 가능한
   가구는 이날 계단식 오디토리엄으로 사용되었다.
05 때때가 지난 시간 동안 기록해놓은 사진을 인화해
   벽에 붙여놓았다. 손님들은 사진을 보면서 때때의 지난
   시간을 함께 공유했다.
06 주방 끝에 숨어 있는 벽을 드러내면 공간이 또 나뉜다.
   가운데 있는 책상은 회전이 가능해 파티션으로도 사용
   할 수 있어 공간을 한 번 더 나눌 수 있다.

때때의 변신을 축하해주었다. 그리고 아이들은 행사 기획부터 음식까지 온전히 스스로 준비해 손님을 맞았다. 하루 종일 분주한 손길로 구운 쿠키와 함께 향긋한 커피를 대접했다. 한쪽에선 몇 날 밤에 걸쳐 맞춰보았을 풋풋한 공연이 열렸다. 아이들은 하얀 와이셔츠를 단정히 차려입고 기타를 잡은 채 천천히 발 박자를 맞춰가며 한 음 한 음 짚어나갔다. 나지막이 떨리는 목소리로 이어지는 노래가사는 모든 이의 마음을 적시기에 충분했다.

때때는 이 공간을 아이들의 자립 무대로 활용하겠노라 선언했다. '상상카페'로 이름 지은 커뮤니티로 사회에 발을 내디디기 전 안전한 울타리 안에서 자신의 자립 모델을 실현해볼 베이스캠프인 셈이었다. 아이들은 커피나 베이커리 등 가벼운 먹을거리부터 아로마 캔들, 목공예 등 특화된 분야까지 자기에게 맞는 모델을 찾아 시험대에 나설 것이다. 그리고 그 답을 찾아 이곳 원주에서 사업을 여는 게 이들의 단기 목표다. '서울 상경'의 꿈도 좋지만 이곳에 뿌리내리고 싶은 아이들이 지역 경제에 이바지하고 주민은 또 이들을 응원하는 선순환 시스템을 마련하고 싶다고 했다. 원주에 국한되지 않고 다른 지역의 청소년 자립 모델과 협동조합 형식을 의논하고 발전시켜보겠다는 꿈도 가지고 있다.

그들이 꿈을 향해 가는 모습을 조심스레 지켜보며 우주정거장을 지나 빛나는 은하수를 향해 날아갈 아이들의 삶을 묵묵히 응원하리라.

문화를
짓다

＋공간기획자 강예린, 이치훈

강예린과 이치훈은 건축사사무소 SOA를 운영하고 있다. 사회적 조절자
(social coordinator)로서의 건축에 관심이 있으며, 건축은 물론 도시, 전
시, 리서치, 기획, 출판 등 건축의 다양한 영역을 수행하고 있다. 광주 비
엔날레, 로마 MAXXI, 안양공공예술프로젝트, 서울시립미술관, 아르코미
술관 등의 전시에 참여했으며, 국립현대미술관이 뉴욕현대미술관, 현대
카드와 공동으로 주최하는 '현대카드 컬처브로젝트 18-젊은 건축가 프
로그램 2015'에 선정되었다. 2012년 『도서관 산책자』, 2014년 『세 도시
이야기』(공저)를 출판했다.

국경 없는 놀이터

심영규

2015년 새해, 서울의 어느 곳에서나 흔히 볼 수 있는 삭막한 아파트 숲 사이에 있는 작은 3층 건물 옥상에 초등학생들이 옹기종기 모여들었다. 옥상 한가운데에는 하늘색과 파란색으로 알록달록한 작은 언덕이 올록볼록 솟아 있다. 그리고 밝은 주황색 선으로 처음부터 끝까지 이어진 미끄럼틀과 그네, 그리고 작은 정글짐과 철봉 사이로 아이들이 뛰어노는 모습이 멀리서도 보인다. 이곳은 서울시 동작구에 있는 다문화가족지원센터다. 그리고 다양한 피부색의 아이들이 이 알록달록한 놀이기구 사이를 어울려 함께 뛰어노는 곳은 옥상 놀이공간 루프루프Roof Loop다. 지난 몇 달간 이곳에선 무슨 일이 있었을까?

길을 잃다

이 다문화가족지원센터를 찾아가려면 지하철 4호선 이수역에서 내려 남성시장을 지나가야 한다. 동작대로 안쪽 길 일대에 150여 개의 점포가 다닥다닥 모여 있는 이 재래시장은 지하철 4호선 이수역과 올림픽대로, 남부순환로와도 가까워 인근 주민이 많이 찾는 곳으로 하루에 1만 명 넘게 방문한다고 한다. 이곳은 그야말로 전통시장의 활기와 정리되지 않은 복잡함, 그리고 다양함이 공존하는 곳이다. 골목골목은 복잡한 가게들의 간판과 그 아래 아무렇게나 널린 좌판, 그 위에 올려진 다양한 물건과 가게 사이를 촘촘하게 메우는 인파로 가득하다.

좁디좁은 시장 골목길을 따라 걸어 올라가다보면 이곳은 복잡한 미로가 되고 찾아가려는 곳이 어디인지 길을 잃기 십상이다. 목적지와 현재 내 위치까지 정확하게 찾아주는 스마트폰을 손에 들고 있지만, 복잡하게 얽혀 있는 미로를 따라가다보면, 여기가 어디고 내가 지금 어디에 있는지 정확하게 가늠하기 어려울 정도다. 게다가 이 지역은 우리나라 복잡한 도시의 다양한 주거

문화를
짓다

문화공간을 만들기 전, 동작구 다문화가족지원센터의
옥상 전경.

형태의 단면을 보여주는 곳이다. 고작 2층 정도밖에 안 되는 상가 건물과 수십 층 넘는 고층 아파트 단지, 3~4층의 연립주택과 길 건너편 사무용 건물까지 옹기종기 한눈에 들어온다. 잠시라도 이것들에 한눈을 팔다간 정말 길을 잃을 수도 있겠다는 생각이 퍼뜩 들었다.

이렇게 복잡한 미로에서 방향을 잡아주는 것은 '실마리'다. 실마리의 영어 단어인 'clue'는 잘 알려진 대로 그리스 신화에서 크레타 섬의 미궁을 빠져나오는 길을 인도하는 길잡이 실(clew)에서 유래되었다. 마치 가느다란 실에 몸을 의지해 따라가듯 더듬더듬 발걸음을 옮겨 마침내 다문화가족지원센터에 다다랐다. 기대 반 호기심 반으로 건물 1층에 도착하니 친절하게도 "밝은 주황색 선을 따라 옥상으로 올라오세요!"라는 안내판이 붙어 있다. 주황색 '선'으로 된 난간을 잡고 4층까지 올라가니 드디어 옥상 놀이 공간이 나타났다. 선을 따라 올라왔는데 계속 선이 이어지며, 선이 면으로, 그리고 면이 공간으로 확장되어 펼쳐졌다. 그곳에서 나와 남을 구별짓는 '경계선' 없이 여러 아이들이 함께 어울려 밝게 뛰어놀고 있었다.

문화를
짓다

차가운 현실

지금 다문화가족지원센터로 쓰이는 이 건물은 사실 1994년에 지어진 주민센터였다. 원래 주민센터 건물은 구청에서 운영하는데, 최근에 주민센터의 행정과 업무 기능이 축소되고 행정구역이 재정비되면서 이곳에 있던 주민센터가 가까이에 있는 사당2동 주민센터로 이전했다. 마침 동작구는 2007년에 결혼이민자가족지원센터를 열었고, 2008년 중앙대학교가 위탁운영을 시작하면서 업무가 많아져 더 넓은 공간이 필요했다. 그러다 2009년 이전해간 주민센터 건물에 다문화가족지원센터가 들어온 것이다. 우리가 평소에 눈여겨보지 않아서 잘 몰랐지만 이런 다문화가족지원센터가 전국에 215개나 있다. 서울시에는 현재 25개 구에 24개나 있다고 한다. 동작구센터가 입주한 곳은 3층 건물로, 1층에는 지역 주민을 위한 도서관이, 2층에는 동작구 건강가정지원센터가 있고, 3층을 다문화가족지원센터가 사용하고 있다.

다문화가족지원센터가 하는 일 중 가장 중요한 것은 이민 여성들이 한국 사회에 잘 적응할 수 있도록 다양한 프로그램으로 그들을 지원하는 것이다. 그리고 그중 많은 행사의 목적이 지역 주민과 소통하기 위한 것이다. 그중에서도 각국의 다양한 음식과 의상을 체험할 수 있는 '다베품(다문화를 베푸는 품앗이 날)'

행사가 가장 크고 중요하다. 매년 6회 정도 열리는데 지역 주민들의 반응이 좋고 여러 사람이 이곳을 찾아올 수 있게 하는 계기를 마련했다.

안진경 다문화가족지원센터 사무국장은 "센터가 이주민뿐 아니라 지역 주민 누구나 편하게 사용할 수 있는 장소라는 인식을 심어주고 싶었다"고 말했다. 그 이유는 아직 이곳이 도심의 섬처럼 주변 지역과 동떨어져 있기 때문이다. 최근 도심에 노인요양시설 같은 복지시설이 들어오면 지역 주민들이 일종의 '혐오시설'이라며 거세게 항의해 큰 갈등을 빚는 일이 뉴스를 통해 심심치 않게 보도되었다. 다문화가족에 대해서도 마찬가지다. 그래서 이런 편견을 깨기 위한 노력의 일환으로 다문화가족지원센터는 먼저 사람들의 일상적인 접점을 늘리자고 생각한 것이다.

한편으로, 이주 여성에 대한 인식 문제는 단지 추상적 차원이 아니라 현실적인 삶의 문제와도 닿아 있다. 안진경은 "어떻게든 이주 여성의 사회 참여를 도와야 하는데, 현실적으론 서빙 같은 단순한 일자리조차 구하기 힘들다"고 토로한다. 체계적인 직업 교육 시스템이 자리잡히지 않은 것도 문제지만, 사회의 부정적인 인식이 더 큰 문제다. 이 문제는 시민과 다문화가정 사람들이 자주 만나 함께 어울리는 시간을 가져야만 해결될 것이다. 센터는 이곳이 그런 만남을 주선하는 일종의 다리 역할을 하길 바란다.

문화를
짓다

그러나 현실은 녹록하지 않았다. 처음 센터가 들어왔을 때 지역 주민과 종종 마찰이 있었다. 주민들이 구의회나 시청에 민원을 넣거나 심지어 이를 신고하는 사람도 있었다. 일부는 아예 지하의 다목적실을 무단으로 점거해 이들이 사용하지 못하게 하기도 했다. 공공시설이었던 주민센터를 다문화가정이라는 '특정인'을 위한 시설로 전환했으니 자신들의 공간을 빼앗겼다고 생각했기 때문이다. 수년이 지난 지금까지 주변에서 민원이 종종 있고 이들을 단순히 불우한 이웃 정도로 보며 동정하는 시선이 여전히 있다는 사실이 씁쓸하게 다가왔다.

길을 찾다

그렇다면 당장 시급한 문제는 무엇일까? 이런 냉랭한 사회의 시선을 상쇄하고 주민들을 설득하려면 다문화가족뿐 아니라 주민도 함께 만날 수 있는 다목적 공간이 필요했다. 그래서 방치돼 있던 옥상을 놀이공간으로 바꾸기로 했다. 젊은 건축가 나은중과 유소래가 참여하게 되었다. 이들은 국경을 나누고 인종을 나누고 성별을 나누는 '선'을 없애고 선과 선이 만나 면을 이루고, 면과 면이 만나 3차원 공간을 만들듯이 선을 풀어 새로운 공간을 만들기로 했다.

2차 워크숍 '우리가 꿈꾸는 옥상' 진행 과정.
© 네임리스건축

건축가들과 상의해 지역 주민이 찾기 쉬운 옥상을 리모델링하기로 결정했다. 나은중은 "애초엔 내부를 바꿀지 옥상을 바꿀지 고민했다"며 "내부보다는 버려진 옥상의 이야기를 펼쳐서 아이들과 엄마들이 같이 놀 수 있는 공간을 만들어야겠다고 생각했다"고 말했다. 옥상의 놀이공간은 교육공간이나 지하와 다르다. 남녀노소 국경과 경계를 가리지 않고 함께 사용할 수 있는 '모두의 공간'이기 때문다. 아이들은 어른과 달리 서로에 대한 편견이 없다. 국경과 국적 그리고 피부색에 신경쓰지 않고 함께 자유롭게 어울려 놀 수 있다. 아이들은 일종의 편견을 없애주는 매개자 역할을 할 수 있다. 이 목적을 달성하는 데 놀이공간만큼 좋은 곳은 없다.

원래 옥상엔 210제곱미터 내외의 작은 공간이 있었다. '하늘공원'이라는 간판이 붙어 있던 이곳에는 작은 물탱크실이 있었고 사용하지 않는 옥외 공간에 높은 담이 쳐져 있었다. 나은중과 유소래는 이곳에 놀이 공간뿐 아니라 문화 체험시설과 다문화 카페 '루프루프'를 만들었다. 이곳은 이제 놀이, 교육, 휴식을 동시에 할 수 있는 장소가 되었다. 두 건축가를 도와 우리가족플레이연구소의 김나형 소장이 문화기획자로 참여했다.

문화를
짓다

선을 채우다

먼저 건축가는 버려진 이곳에 문화 공간을 만들기 위해 사전조사를 진행했다. 세 번에 걸친 워크숍으로 전체적인 그림을 그려나갔는데, 두번째 워크숍부터는 참여 대상을 인근 지역 주민으로 확장했다. '우리가 꿈꾸는 옥상'이라는 주제를 잡아 집에서 여성들이 많이 이용하는 앞치마에 밑그림을 그리고 함께 색을 칠해 멋진 작품을 완성했다. 완성된 앞치마는 센터에서 열리는 '다베풂 행사'에 사용되었다. 그 과정에서 참여자들은 서로 말을 트며 경계를 조금씩 누그러뜨렸다.

이제 건축가 차례였다. 워크숍 결과, 옥상을 놀이공간으로 바꾸기 위한 실질적인 설계를 했다. 센터 주변을 돌아보면 아파트로 오르는 큰길이 좁은 길과 만나는 특이한 비정형 대지에 센터가 있다. 너비도, 모양도 다양한 길이 이곳에서 만나는 관계를 살펴보면서 설계 아이디어를 떠올렸다. 이곳은 전형적인 서울의 뒷골목이고, 다문화가족지원센터라는 공간은 우선 아이들과 엄마들이 주인공이다. 반면 주변에는 삭막한 아파트뿐이고, 편안하게 놀 수 있는 공간이 없다. 네모반듯한 센터는 어떻게 보면 기능적으로 필요한 면적을 제공하기에 급급한 건물이어서 이런 딱딱함을 지우고 친근하게 다가가기로 했다.

세상의 편견에 가로막힌 벽을 허물고 하나로 엮어준다는

01, 02, 03
　　아이들은 아크릴 캔버스에 그림을 그렸다. 이렇게 완성된
　　수십 개의 그림판은 케이블타이를 이용해 새롭게 칠한
　　난간에 걸렸다.

04 주황색 난간을 따라 4층 옥상에 올라가면 놀이공간
   루프루프(Roof Loop)가 나온다.
05 처음부터 끝까지 하나의 선으로 만들어진 놀이기구와
   같이, 서로 다른 문화적 배경에서 자라난 아이들이
   함께 놀이에 참여하고 있다.
06 이 선으로 다양한 사람들을 엮고 다양한 행위까지
   엮어냈다. 결국 전체 놀이터의 구조를 하나의
   선으로 연결했다.
07 문화공간으로 새롭게 단장한 다문화가족지원센터.
   옥상에서 마을 주민과 다문화가족이 어울리며 즐거운
   시간을 보내고 있다.

콘셉트를 생각하다보니 자연스럽게 하나의 '선'이 떠올랐고, 이 선으로 다양한 사람들의 다양한 행위까지 엮어내기로 했다. 그래서 나온 아이디어가 전체 놀이터의 구조를 하나의 선으로 연결하는 것이었다. 건물의 1층부터 시작되는 선이 옥상까지 올라와서 자유롭게 펼쳐지도록 했다. 유소래는 "주변이 높은 아파트로 둘러쳐져 있다. 그래서 아파트에서 이곳 옥상이 잘 내려다보이는데 강렬한 주황색을 사용해 이곳에서 아이들이 함께 어울려 놀면 자연스럽게 지역 주민의 관심을 끌 수 있다"고 말한다. 나은중은 "이 놀이공간은 대중에 열려 있기 때문에 자연스럽게 사람들이 관계를 맺을 수 있는 장소가 되게끔 의도했다"고 강조한다. 놀이공간 한편에는 마찬가지로 선으로 만든 작은 다문화 카페도 마련했다. 이곳에서 이주 여성들은 직업교육도 받고 서로 정보도 공유할 것이다.

또 옥상 놀이공간의 가장 큰 특징은 올록볼록한 구릉지다. 놀이공간 중앙의 바닥이 볼록 돌출해 있다. 푹신푹신한 고무칩을 사용해 리듬감 있는 일종의 지형을 만들었다. 전체 풍경이 선으로 만들어졌는데, 이런 선적인 요소 가운데 면적인 요소를 넣은 것이다. 유소래는 "어린이들은 평평하고 단순한 곳보다 모험할 수 있는 놀이공간을 더 좋아한다"고 말했다. 실제로 옥상에서 아이들이 뛰어놀 때 가장 좋아했던 공간이 이 구릉이었다. 초등학교 4학년짜리 아이는 옥상 끝에서 끝까지 달리며 구릉에 올라

문화를
짓다

세 아이가 구릉에 올라 먼 곳을 바라본다. 아이들의
눈에는 무엇이 담겨 있을까, 무엇을 담게 될까?

이곳을 마치 점령이라도 한 듯 뿌듯해했다.

놀이공간이 문을 열던 날엔 작은 행사도 열렸다. 이곳을 일종의 작은 갤러리로 만든 것이다. 아이들은 봉사자와 건축가 그리고 우리가족플레이연구소 직원들과 함께 작은 아크릴 캔버스에 '자유'란 주제로 그림을 그렸다. 이렇게 완성된 수십 개의 그림판을 케이블타이를 이용해 새롭게 칠한 난간에 걸었다.

날씨가 아직 채 다 풀리지 않은 이른 봄, 아이들은 벌써 땀 흘리며 함께 뛰어놀고 있었다. 앞으로 이곳에서는 이주여성과 다문화가정 자녀를 비롯해 다양한 주민이 '찾아가는' '우리 동네형' 소규모 문화 프로그램이 종종 열릴 것이다. 작은 발표회와 음악회, 그리고 연극이나 다문화 체험행사도 열릴 것이다. 선은 면이 되고 면은 공간을 이룬다. 이 공간을 통해 서로 경계 짓던 선을 지울 수 있게 된 것이다.

문화를
짓다

+ 공간기획자 나은중, 유소래

나은중과 유소래는 부부 건축가로 2009년 뉴욕에서 시작해 서울로 확장
한 네임리스 건축의 공동대표다. 그들은 2009년 마이애미 비엔날레 참
여를 시작으로 뉴욕건축센터, 파슨스 더 뉴스쿨, 국립현대미술관, 아름지
기재단, 뉴욕건축센터, 뉴욕현대미술관 등에서 전시했다. 이들은 일상에
서 발견할 수 있는 소프트한 아이디어를 통해 주거·문화·교육·종교 시
설 등 단단한 건축을 만들고 있다. 또한 시대의 건축과 도시, 그리고 문
화적인 사회 현상을 탐구하고 있다.

놀아도 괜찮아

박계현

어릴 적 '노는 날'은 가슴 설레는 날이었다. 꽃이 피기 시작하는 봄이면 더욱 심했다. 신선한 공기를 한껏 들이켜고는 달콤한 꽃향기를 맡으며 빛이 쏟아지는 동네를 뛰어다녔던 기억은 항상 나를 미소 짓게 만든다.

하지만 놀 수 있는 시절은 계속되지 않았다. 대한민국 학생들은 대학교 입학이라는 큰 산을 넘기 위해 청소년이 아니라 수험생이라는 이름표를 달게 되기 때문이다. 요즘엔 중학생은 물론 초등학생까지 입시를 위해 공부한다고 한다. 이리저리 학원으로 옮겨 다녀야 하는 학생들은 방과 후에도 놀이 시간이 전혀 없고 주말조차 이런저런 과외수업에 매달려 지낸다.

더군다나 뛰어놀 마당과 놀이터조차 줄어들고 있으니 답답한 노릇이다. 놀이터는 줄어들고 학교 운동장에는 친구들이 없다. 2008년 어린이 놀이시설 안전관리법이 제정되어 안전검사기관의 설치검사가 의무화되면서 오래되어 낡은 놀이터의 경우 교체 수리를 포기하고 폐쇄나 철거를 선택하는 경우도 적지 않았다. 더해 2014년에는 주택법이 개정되면서 놀이시설 설치 의무 기준이 50세대에서 150세대 이상으로 완화돼 놀이터를 새로 만드는 경우가 극히 드문 편이다. 맘 편히 놀 곳이 없는 아이들에게 이제 놀이공간은 실내로 대체될 수밖에 없다. 유아를 위한 프랜차이즈 놀이시설은 인기를 끌며 속속들이 생기는 반면, 초등학생 이상 청소년이 놀 곳은 정말로 없다.

아이들의 놀이터를 찾습니다

크게 관심을 가지지 않은 사람들은 잘 모를 수도 있겠지만 지역 곳곳에는 '문화의집' '청소년문화의집'이라는 이름으로 지역 시민을 위한 문화시설이 마련돼 있다. 문화의집은 1996년 문화복지정책의 일환으로 조성되기 시작해 현재 제주도 18개소,

문화를
짓다

경남 16개소, 경기도 11개소, 강원도 10개소, 서울 8개소 등 전국에 117개소가 설치돼 있다. '문화로 행복한 공간 만들기' 대상지인 김천문화의집도 그중 하나다. 이곳을 목적에 맞는 공간으로 가꿔나가는 것이 이 프로젝트에서 가장 중요했다.

기획자는 "처음 이곳을 방문했을 때 문화의집 3층 문을 열자마자 노래방 기기의 반주 소리가 귀를 울렸다. 노래 연습중인 어르신이 많아 주 이용자인 아이들은 발을 들여놓기도 어려운 상황이었다"고 말했다. 주민들의 문화생활 향유를 위해 노래방 기기가 설치됐지만, 그 때문에 가장 중요한 쓰임새를 자칫 잃어버릴 상황이었다. 노후된 방음시설 때문에 건물 전체에 소음이 울려퍼져 도서관과 다른 공간을 이용하는 사람들의 불만이 끊임없이 제기되고 있었다. 이처럼 노인들이 아이들의 공간까지 침범하게 된 이유는 건물 1, 2, 4층이 노인종합복지관 시설로 쓰이고 그 사이 3층에 아이들의 놀이 공간이 끼여 있기 때문이었다. 입구가 분리돼 있긴 하지만 층별로 사용자가 혼재해 혼란이 가중될 수밖에 없었다. 토요일마다 초등학생을 대상으로 문화학교를 운영하기도 했지만 그 시간 외 평일에는 주요 공간이 어르신들의 차지가 되곤 했다. 서예실은 100퍼센트, 인터넷 부스는 80퍼센트 이상을 어르신들이 사용한다고 했다. '어린이 놀이방'으로 이름 붙인 공간조차 어르신의 취침 공간으로 사용되어, 프로그램이 시작되기 전 기다리는 시간에 아이들이 머물 공간이 없다며 보호자들의 건의가 접수되기도 했다. 한 세대의 공간 점유가 또다른 세대의 놀이공간을 침범한 모습이었다.

그래서 김천문화의집은 놀 곳 없는 어린이와 청소년이 좀 더 친근하게 찾아오고 즐겁게 놀 수 있는 공간으로 공간 조성을 진행하고 관련 프로그램을 실행하는 것을 목표로 삼았다. 공간 조성은 오피스아키텍톤이 맡고 문화기획은 손병열이 추진했다. 최영준은 "노래방 시설을 김천시노인종합복지관 2층으로 옮기고 방음시설을 더하는 과정을 추가로 실시했다"고 말했다. 그런 다음 3층 공간의 평면을 재배열, 재구성했다. 일반 사무실 구조와 유사한 공간에서는 아이들이 즐겁게 뛰어놀기가 어렵기 때문이었다. 그런 공간에서는 일반적인 취미활동이나 여가활동이 반복적으로 실시될 뿐 아이들의 눈높이에 맞는 프로그램을 기획하기도 쉽지 않았다. 그래서 사무실을 입구 쪽으로 재배치하고 가장 넓은 공간을 차지하던 도서관을 문화마루로, 어린이 놀이방 자리를 문화사랑방으로 바꾸었다. 도서관은 가장 넓은 규모의 공간임에도 불구하고 도서관보다는 강의실로 이용되고 파편적으로 공간이 분할되어 있었는데, 40센티미터 높이의 좌식 마루 공간을 설치하고 그 안으로 공간박스를 집어넣어 아이들이 창의적으로 놀 수 있는 공간을 마련했다.

이로써 집 안에서는 층간 소음으로, 집 밖에서는 위험하다는 이유로 뛰어놀 기회가 별로 없는 아이들이 신나게 쿵쾅거릴

문화를
짓다

01 입구와 복도를 공간 조성한 모습.

02 문화사랑방을 공간 조성해 아이들을 기다리는
부모 세대가 사용할 수 있는 공간으로 만들었다.

03 아이들이 뛰어놀 수 있는 마루 공간을 만들고
그 아래로 큐브를 삽입했다.

04 올빼미 캠프에서 아이들이 큐브를 이리저리
옮기고 쌓으며 문화마루를 자신들의 방식대로
사용하고 있다.

수 있는 공간이 만들어졌다. 그리고 학교, 집, 학원 등 비슷한 공간을 접하고 고정된 환경에 적응해야만 하는 아이들이 마음대로 공간을 다시 만들고 놀이도 할 수 있게 되었다.

일탈의 놀이 시간: 올빼미 캠프

나는 땅거미가 내린 후에야 김천에 도착했다. 시설 공간 조성이 완료된 뒤 진행하는 파일럿 프로그램에 참석하기 위해서였다. 처음 방문하는 도시에 홀로 떨어지니 긴장감을 늦출 수 없었다. 아직 초저녁인데 많은 곳의 불이 꺼져 있는 도시를 보고 나니 긴장감이 배가됐다. 어둠을 헤치고 뚜벅뚜벅 걸어가니 환하게 불이 켜져 있는 김천문화의집이 마치 도시의 등대 같았다. 조심스럽게 문을 열고 고개를 빼꼼히 내밀고 나서야 '아! 맞구나! 제대로 찾아왔구나!' 안도감이 들었다. 왁자지껄 떠드는 아이들의 목소리가 온 건물을 휘감으며 너무 일찍 잠든 도시를 밝히고 있었다.

"내랑 술래잡기 하자!" "그래, 그럼 니가 먼저 술래 해라!" 놀이마당뿐만 아니라 교실과 복도까지 정신없이 뛰어다니는 아이들 덕분에 모두가 잠든 금요일 밤 김천이 떠나갈 듯 시끌벅적했다. 김천에 당도하기 전 파일럿 프로그램의 설명을 듣고 '올빼미 캠프라니, 과연 초등학생들이 밤을 새울 수 있을까?' 하는 의

문이 들었다. 저녁 7시부터 다음날 오전 9시까지로 계획된 올빼미 캠프는 네 개의 프로그램이 빡빡하게 짜여 있었다. 각 프로그램의 제목은 '인형 만들기와 미니 인형극' '칠교 놀이' '큐브와 공간을 활용한 놀이' '간식 만들기'였다. 약 한 시간씩 진행되는 프로그램 사이사이 간식과 자유 시간이 주어지는 식이었다. 손병열에게 "아이들은 어디서 자나요?" 하고 물으니 "따로 장소는 없고 문화마당 뒤에 텐트를 쳐둘 겁니다. 하지만 쓸 일 없을걸요"라고 했다. 그래도 나는 '아이들이 곧 지치고 말겠지' '잠이 들고 말겠지'라고 생각했는데 나의 예상은 보기 좋게 빗나갔다. 저녁 7시에 놀이마당에서 프로그램이 시작되어 9시 30분 부모님이 떠날 때까지도 아이들은 큐브를 이리저리 옮기고 마루를 구르고 뛰면서 첫번째 프로그램인 인형 만들기에 몰두하고 있었다.

밤 9시 30분, '행복한 부모교육' 강의를 수강한 부모들이 집으로 돌아갈 채비를 했다. "엄마랑 집에 가자" "아니야, 나 밤새 놀다 갈 거야!" 초등학교 4, 5학년. 그 나이 때까지도 엄마와의 헤어짐은 작은 일이 아닐 테지만 오늘만큼은 아무도 엄마를 따라가지 않았다. 다음날 아침까지 아이들은 한숨도 자지 않고 모든 프로그램에 참여하는 열의를 보였다. 아마도 시끄럽게 하면 안 돼, 뛰면 안 돼, 늦게까지 놀면 안 돼, 안 되는 것투성이인 일상에서 벗어나 이렇게 하루를 보내는 것이 그들에게는 일탈과 같은 짜릿함을 느끼게 해줄 것이다. 밤을 새워 논 이날 하루는

01 아이들이 올빼미 캠프에서 큐브로 테이블을
   만들어 놀이에 사용하고 있다.
02 올빼미 캠프를 앞두고 행복한 부모교육을
   수강하는 부모들의 모습.

평생 아이들에게 기억에 남을 것이다.

하지만 이 캠프는 비단 아이들에게만 일탈의 시간이 된 것은 아니었으리라. 매일 저녁 아이를 씻기고 재우느라 전쟁을 치르는 부모들은 하루 저녁 아이가 떠난 빈자리가 허전하면서도 한편으로는 홀가분하지 않았을까? 부모가 가질 수 있는 노는 시간 또한 큰 의미가 있었을 것이다. 그리고 올빼미 캠프에 앞서 진행된 '행복한 부모교육'은 부모 세대도 이 시설을 이용하고 즐기기를 바라는 차원에서 마련한 것이었다. 이 강의에는 총 20명 아이들의 부모가 참석해 교육과 함께 아이를 키우며 품었던 질문을 던지고 상담받는 시간도 가졌다. 비슷한 경험을 하고 있는 부모들이 하나의 주제를 가지고 이야기를 나누며 전문가의 의견까지 들어보는 것 또한 부모로서의 긴장을 풀어놓는 일탈의 시간이 되었을 것임에 틀림없다.

변화의 시작, 놀이의 시작

기획자는 "지속적으로 프로그램을 운영하고 참여를 유도하기 위해서는 주민들의 참여가 중요할 것 같다"고 말했다. 의도적으로 문화를 발생시키는 외부 에너지에 의존할 것이 아니라 지역 주민들이 주도적으로 자연스럽게 운영할 수 있는 문화를 만들어야 한다는 것이다. 그리고 김천문화의집을 자주 애용하는 주민들의 경우 각자 자신만의 경험과 노하우를 가지고 있고 그 능력을 타인과 충분히 나눌 수 있는 사람들이 많기 때문에 서로가 서로를 가르쳐주고 도와주는 순환구조를 만들 수 있다는 것이 그의 생각이다. 김천문화회관은 주민이 강사가 되는 '놀면 뭐하겠노'라는 프로그램을 진행해본 경험도 가지고 있었다.

'노는 것'의 중요성이 묻히고 있는 현대인의 삶 속에서 아이들의 놀이터가 점점 줄어들고 있다. 태어나서부터 경쟁 사회에서 살아가고 성적 스트레스로 인해 우울증에 걸리는 학생도 많다고 하니, 그 심각성은 이제 도를 넘었다고 할 수 있다. 이제 아이들은 어떻게 놀아야 하는지 잊어버릴지도 모른다. 하지만 어릴 적 친구들과 뛰어놀면서 때로는 말도 안 되는 놀이를 하고 놀던 추억은 분명 큰 자산이 될 것이다. 또한 성장기 아이들에게 노는 것이 얼마나 중요한 일인지는 학계에서도 검증되지 않았는가.

이제, 우리 아이들을 놀게 해주오. 놀이터도 만들고 놀 시간도 넉넉히 주오. 노는 것의 즐거움, 그 설렘을 생활 속에서 충분히 느낄 수 있다면 얼마나 좋을까.

문화를
짓다

+ **공간기획자** 우지현, 차상훈, 최영준

공간기획자 우지현, 차상훈, 최영준은 건축이라는 매개로 미래를 향한 비전을 던지기 위하여, 공간에 관련된 일련의 계획을 기록하고 실행하는 일을 대구를 기반으로 오피스아키텍톤에서 함께 수행하고 있다. 오늘날 범람하는 디자인의 수사 속에서 직접적이고 정확한 공간설계로 차별화한 건축 프로젝트를 실행하고자 한다. 오래된 건물의 원형과 장식을 재해석한 리노베이션 프로젝트를 다수 진행했다.

문화를 짓다

초판 인쇄 2015년 10월 15일
초판 발행 2015년 10월 23일

지은이 박성진 박계현 심미선 심영규 윤솔희 | 엮은이 한국공예·디자인문화진흥원
펴낸이 강병선

기획·책임편집 구민정 | 편집 이현미 | 디자인 김마리
마케팅 방미연 우영희 김은지
홍보 김희숙 김상만 한수진 이천희
제작 강신은 김동욱 임현식 | 제작처 한영문화사

펴낸곳 (주)문학동네
출판등록 1993년 10월 22일 제406-2003-000045호
주소 10881 경기도 파주시 회동길 210
전자우편 editor@munhak.com | 대표전화 031)955-8888 | 팩스 031)955-8855
문의전화 031)955-8858(마케팅) 031)955-2671(편집)
문학동네카페 http://cafe.naver.com/mhdn | 트위터 @munhakdongne

ISBN 978-89-546-3779-4 03610

www.munhak.com